Zweite, illustrierte Auflage

„Guten Tag, sind Sie die Witwe Meier?"

oder

Das Überbringen von Todesnachrichten und andere belastende Einsätze im polizeilichen Alltag

Gedanken zu einem Tabuthema

von Hajo Lehr

Illustrationen von Rose Black

Impressum:

2. Auflage

© 2018 Hajo Lehr

© 2018 Illustrationen: Delila Berger

Titelfoto: Hajo Lehr
Herstellung und Verlag: BoD – Books on Demand,
Norderstedt.
ISBN: 9783744831451

Inhalt:

Zu diesem Buch:

„Stehen zwei Polizeibeamte vor einer Wohnungstür und klingeln. Eine Frau mittleren Alters öffnet die Tür und schaut die Beiden erstaunt an. Ein Beamter begrüßt sie: ‚Guten Tag, sind Sie die *Witwe* Meier?'. Die Frau entgegnet entrüstet: ‚Nein, ich bin die *Frau* Meier!'. Daraufhin sagt der zweite Polizist: ‚*Haha, gewesen, gewesen…!*'"

Dieser blöde, sarkastische „Witz" macht –hinter vorgehaltener Hand- seit Jahrzehnten die Runde in den Ausbildungsstätten der Bereitschaftspolizeien und Amtsstuben der Polizeidienststellen in der gesamten Republik. Jedoch kaum eine Beamtin oder ein Beamter können darüber wirklich lachen -denn alle wissen genau: Eines Tages trifft es *mich* und dann gibt es einfach Nichts zu lachen! So ist der unqualifizierte Spruch wohl lediglich als ungeeigneter Versuch, ein ganz und gar heikles Tabuthema mit schwarzem Humor zu „entschärfen", zu werten.

Dieses Buch soll weder eine *„wissenschaftliche Ausarbeitung"* des Themas **„Überbringen von Todesnachrichten und andere belastende Einsätze"** darstellen, noch der Befriedigung von Neugier und/oder dem Voyeurismus dienen. Es ist kein *„Lehrbuch"*, kein *„Fachbuch"* und auch kein *„Sensationsroman"*! Es ist für mich, nach über 40 Jahren Polizeidienst an der Basis, eine Aufarbeitung von Erinnerungen, die mich immer wieder einholen und auch nach langer Zeit –sogar jetzt im Ruhestand- nicht loslassen. Ich würde mich freuen, wenn es für Polizeikolleginnen und -Kollegen, Rettungsdienstlern, Feuerwehrleuten und Notfallseelsorgern in irgendeiner Weise bei der Bewältigung ihrer täglichen Arbeit helfen könnte. Für den „Normalbürger", der in seinem Leben vermutlich niemals direkt mit diesem Thema in Berührung kommen wird, wünsche ich mir *mehr Verständnis* für die Arbeit der Polizei und vielleicht nötigt es dem einen oder anderen Leser sogar etwas *mehr Respekt für deren Tätigkeiten* ab.

Das „erste Mal"

Sonntag-Frühdienst: Um 07:00 Uhr sitzt die gesamte Dienstgruppe im Aufenthaltsraum. Dienstunterricht ist angesagt. Ich bin mit meinen 20 Jahren der „Benjamin" der Dienstgruppe. Nun schon fast 6 Monate auf der Schicht. Unmittelbar nach dem Lehrgang und der Prüfung für den mittleren Polizeivollzugsdienst auf die Wunschdienststelle gekommen – fast wie ein Sechser im Lotto!

Das Sagen hat heute der stellvertretende Dienstgruppenleiter (DGL), ein ehemaliger Bundesgrenzschützer mit paramilitärischer Ausbildung und anschließender Grenzpolizeierfahrung in der Rhön zu Zeiten des „Kalten Krieges" - ein echter „Eisenfresser".

Er betritt den Aufenthaltsraum mit der Dienstpost, Vorgängen und Unterrichtsunterlagen, setzt sich an den großen Tisch und beginnt mit lauter Stimme den Tag: „Vor einer Stunde kam ein Fernschreiben von den Kollegen aus Augsburg. Dort ist heute Nacht die Schwester eines Kollegen von unserer Nachbardienststelle tödlich verunglückt! Wir müssen heute Vormittag die Angehörigen verständigen! Das macht heute der Hans und der nimmt einen von beiden Jungen mit, die müssen das lernen!" Peter, der 6 Monate länger im Dienst ist als ich, meldet sich sofort zu Wort und erklärt: „Da kann ich nicht hinfahren, mit dem Kollegen war ich in der Ausbildung, der ist doch so sensibel, das halte ich nicht aus!" Damit waren die Würfel gefallen und es war klar: Streifenpartner von Hans bin ich und ich werde an diesem sonnigen Sonntagmorgen eine bittere Erfahrung machen müssen: Meine erste Todesnachricht überbringen…

Ich bekomme feuchte Hände und der Kaffee schmeckt plötzlich nicht mehr. In meinem Kopf überschlagen sich die Gedanken und auf dem Rücken macht sich eine leichte Gänsehaut breit. Erinnerungen an die Ausbildung werden wach – da war doch was -

in Psychologie oder Polizeidienstkunde wurde das Thema doch mal gestreift, oder? Zaghaft hebe ich die Hand und wende ein: „Da sollte man doch vielleicht einen Pfarrer mitnehmen, oder?" Zur Erklärung: Professionelle Notfallseelsorge gab es damals noch nicht! Ich – der Jüngste im Boot- machte so einen ungeheuren Vorschlag! Der DGL schaut mich unendliche Sekunden fragend an und meint dann: „So schlecht ist die Idee gar nicht, holen Sie sich ein Telefonbuch und rufen Sie die in Frage kommenden Pfarrer einfach mal an. In dem Stadtteil gibt es eine katholische und eine evangelische Pfarrei."

In dem damals noch ländlich geprägten Stadtteil hatte ich vor nicht allzu langer Zeit die dortige Realschule besucht und kannte deshalb auch einen der tätigen Pfarrer. Ich rief den ersten Geistlichen an, stellte mich vor, schilderte den Sachverhalt und bat den Pfarrer um entsprechende Unterstützung. Was ich zu hören bekam, zog mich im wahrsten Sinne des Wortes runter:

„Mir ist der Name der Familie gerade nicht geläufig, sind die Leute denn evangelisch oder katholisch? Ich kann doch nicht zu Angehörigen einer anderen Konfession gehen und so eine heikle Angelegenheit mit ihnen besprechen und im Übrigen, es ist Sonntag und ich muss ja meinen Gottesdienst halten – nein, es tut mir leid, da kann ich Ihnen nicht helfen!"

Also - Anruf beim Pfarrer der anderen Kirchengemeinde. Ergebnis: Nahezu die gleichen zusammengestammelten Floskeln wie beim Amtsbruder der anderen Fakultät.

Das ging sauber in die Hose und prägte lange Zeit meine, hier nicht näher erläuterte, damalige Meinung zur Kirche.

Hans und ich fuhren los. Mein Streifenpartner, ein erfahrener, ruhiger und abgeklärter Polizeihauptmeister erklärte mir auf der Anfahrt unsere „Taktik": „Also Kleiner, das, was wir vor uns haben, wird bestimmt verdammt hart! Lass einfach mal nur mich reden und halte dich so gut wie möglich im Hintergrund. Man weiß nie, wie die Leute reagieren und du hast es ja von Peter gehört, der Kollege B. soll ziemlich sensibel sein. Ich weiß, dass „deine Nerven Pfötchen geben", das ist bei so einer Sache ganz normal, aber da müssen wir Beide jetzt durch und du wirst in deinem Gendarmenleben noch so manche Nachricht dieser Art überbringen müssen. Es kann sein, dass wir vielleicht sogar einen Arzt zur Unterstützung brauchen – sollte dies der Fall sein, ist dies deine Aufgabe – du gehst dann raus an den Funk und forderst einen an."

Klare Worte, aber auch die Gewissheit, einen kompetenten Partner an der Seite zu haben!

Am Anwesen der Familie B. angekommen, öffnete uns Kollege B. die Tür, sah in unsere Gesichter und sagte gleich: „Ach Gott, mit Claudia ist was passiert, oder?" Hans sagte in ruhigem Ton, dass etwas Schlimmes passiert sei und fragte, ob wir in das Haus kommen dürften. Kollege B. ließ uns ein, führte uns ins Wohnzimmer und sagte, dass die gesamte Familie gerade zur Kirche gehen wollte…!

Mit einfühlsamen, aber deutlichen Worten erklärte Hans der Familie, dass die Tochter bzw. Schwester in der Nacht an den Folgen eines Verkehrsunfalls verstorben ist. Fassungslosigkeit, Entsetzen und offen gezeigte Trauer der Angehörigen stürmten auf mich ein. Ich kann heute nicht mehr wiedergeben, was Hans den Leuten im Einzelnen erzählt hat. Er hatte jedoch die Gabe, die Familie soweit zu trösten, dass kein Arzt geholt werden musste und wir uns nach ca. einer Stunde verabschieden konnten. Kollege B. brachte uns ziemlich gefasst zur Tür und bedankte sich sichtlich berührt bei uns…

Zurück auf der Dienststelle erstattete Hans knapp Bericht und erledigte zusammen mit mir den erforderlichen Papierkram.

Irgendwie kamen mir die anderen Kollegen vor, als gingen sie uns aus dem Weg. Später bemerkte ich an mir selbst dieses Phänomen – Die Unsicherheit, vielleicht ein falsches Wort zu sagen. Erst mit der wachsenden Erfahrung und der damit erworbenen Abgeklärtheit erkannte ich, dass es ganz wichtig ist, „sich die Sache einfach mal von der Seele zu reden"… lange vor der Einführung des Polizeilichen Sozialen Dienstes (PSD), Zentralen Psychologischem Dienstes (ZPD) und anderen Einrichtungen, an die man sich heute, wie selbstverständlich, wenden kann…

Die erste Leiche

Nachtschicht... nach fast 9 Monaten auf der Dienstgruppe für den „Jungfuchs" schon fast Routine! Aber es gibt noch Vieles, was ich nicht erlebt, mitgemacht oder wie in der Theorie der Ausbildung genannt „erfahren" habe. Die Nacht in der Stadt war abwechslungsreich, vielfältig und vor allem arbeitsintensiv! Es war lange vor der Einführung des Computers im Polizeialltag. Die Nachtschicht zog sich wie Kaugummi. Wir, Toni und ich, hatten die „Frühstreife", d.h. bei den 12 Stunden Nachtschicht damals, von 04.00-07.00 Uhr.

In unserer ersten Streifenzeit zwischen 22.00 und 01.00 Uhr hatten wir wahrlich schon genug „Mist eingefahren" – von der Körperverletzung in der Disco, dem Familienstreit, der zugeparkten Einfahrt mit dem cholerischen Mitteiler, der eigentlich gar nicht wegfahren musste, aber „alles wegen des Prinzips" auf die Spitze trieb und viele andere Unzulänglichkeiten im menschlichen Zusammenleben hatten unsere Nerven strapaziert, waren abgearbeitet, zum Aktenzeichen verarbeitet und mehr oder wenig vorläufig abgehandelt. Die Liste der zu bearbeitenden Fälle war um einiges gewachsen. Und dann eben „die letzte Streife"... Neun Stunden hatten wir bereits „abgerissen". Körper und Geist haben auch nach langer Zeit keinerlei Verständnis für so eine Arbeitszeit. Ist viel los, vergeht die Zeit wie im Flug, Körper und Psyche geben „ihr Letztes" und du bist konzentriert und arbeitest wie ein Uhrwerk.... Gibt es allerdings keine Einsätze, werden die Stunden zu der Uhrzeit verdammt lang...

Diese Frühstreife hatte es allerdings für mich „in sich". Fast nichts los auf der Straße, ein paar Routinekontrollen von Autofahrern – aber außer zwei defekten Abblendlichtern war nix. Kein Einbruchsalarm, kein schwerer Unfall, kein Wasserrohrbruch im Einkaufszentrum… nix! Wie bereits erwähnt, die Zeit zog sich wie Kaugummi. Du weißt nicht mehr, wo du noch hinfahren sollst. Die Zeitungsfrauen sind die Einzigen, die sich freuen, dich auf der Straße zu sehen. Ein paar Bäckerlehrlinge, die schon x-mal auf dem Weg zur Arbeit kontrolliert wurden, winken uns zu – man kennt sich in der Stadt um diese Uhrzeit – selbst Taxis sind nun kaum mehr in der Zeit zwischen Tiefschlaf und Erwachen der Stadt unterwegs. Du wirst langsam rammdösig und denkst nur nach Schlaf….

Da kommt gegen 05.00 Uhr der Funkspruch der Einsatzzentrale: „Fahren sie in die XYZ-Straße 89, der Ehemann öffnet die Toilette nicht, Ehefrau ist offenbar panisch"! Na bravo, ein offensichtlicher

„Scheißfall" und das zu der Uhrzeit, schauen wir mal, was uns erwartet …

Angekommen am Ereignisort wird uns sofort die Haustür des Wohnblocks per Summer geöffnet. Wir gehen zu Fuß in den 3. Stock und werden von einer Frau Anfang 30 im Nachthemd und mit verheulten Augen begrüßt. „Ich weiß nicht, was mit ihm los ist, aber ich habe ein schlechtes Gefühl und glaube, da ist was Schlimmes passiert", platzt die Frau heraus. „Mein Mann ist irgendwann heute Nacht auf die Toilette gegangen – das macht er öfters. Irgendwann habe ich gemerkt, dass er nicht neben mir liegt und ich habe in der Wohnung nachgeschaut und ihn nicht gefunden" berichtet sie uns hektisch. „Die Toilette ist von innen abgeschlossen und er öffnet nicht und gibt auch keine Antwort!" „Die Kinder sind auch schon wach geworden, ich habe sie aber wieder ins Bett geschickt! Der muss doch in einer halben Stunde zur Frühschicht in die Fabrik! Es wird doch nichts passiert sein" sprudelt es weiter aus der Frau heraus.

Ein Blick auf das Schließblech der Toilettentür ergibt, dass hier mit Sperrhaken oder Schraubenzieher nichts zu machen ist. Oben und unten an der Tür sind jedoch Lüftungsöffnungen mit Plastikblenden angebracht. Toni redet beruhigend auf die Frau ein und ich schraube die untere Plastiklamelle von der Tür. Ich lege mich auf den Flurboden und schaue durch den Schlitz in der Tür in die beleuchtete Gästetoilette. Vor meinen Augen sehe ich die Sohlen zweier Füße – verdammt, so sitzt keiner auf dem Thron, da ist was passiert, schießt es mir durch den Kopf. „Toni, wir brauchen den Notarzt und wir müssen die Tür aufbrechen – es eilt!" entfuhr es mir. Mein um viele Jahre älterer Streifenkollege verständigt über das Handfunkgerät die Einsatzzentrale und fordert den Rettungsdienst an, dann nimmt er die Frau in den Arm. Ich heble mit Gewalt die Tür der Toilette der Mietswohnung auf, die nicht besonders stabil ist.

Vor mir sitzt ein Mann auf dem Boden – neben dem Toilettensitz in einer ca. 120 x 120 cm messenden Gästetoilette! Nein – er sitzt nicht auf dem Boden, er schwebt ca. 5 cm mit dem Gesäß über dem Boden. Um den Hals hat er ein weißes Verlängerungskabel, das um das Wandaustrittsrohr der Wasserspülung geknotet ist. Das Elektrokabel hat sich meiner Schätzung nach mindestens 15 Zentimeter in den Hals eingeschnitten. Das Gesicht schaut nach unten und die Zunge des Mannes hängt unwirklich in einem Mundwinkel. Ein Bild, das sich in mein Gehirn eingebrannt hat zu einer Zeit, als noch kein normaler Mensch den Begriff „Festplatte" überhaupt kannte! Mir war klar, da kommt jede Hilfe zu spät...

Als die Frau das Szenario erfasste, war es aus mit ihrer Beherrschung. Hysterisch schrie sie fortwährend den Namen ihres Gatten und versuchte, in die Toilette zu gelangen. Dies konnte von Toni nur unter Anwendung leichten körperlichen Zwanges verhindert werden. Eine Situation, wie ich sie bislang nicht erlebt hatte und die meilenweit entfernt unserer damaligen Ausbildung war.

Jede Müdigkeit war wie weggeblasen. Die Nerven bis zum Zerreißen gespannt – deine erste Leiche - mach jetzt bloß keinen Fehler! Was musst Du beachten, dass man Dir später keinen Vorwurf machen kann? Eingetrichterte Standards, die mir durch den Kopf gingen. Und dann die Gnadenlosigkeit der Situation: Zwei Kinder im Alter von ca. 4 und 6 Jahren betreten die Bühne – aus dem Schlaf gerissen und die hysterische Mutter im Arm eines Polizisten, der offenbar seine Mühe hatte, die Frau zu bändigen, vor ihren Augen...

So hatte ich mir „meine erste Leiche" nicht vorgestellt, aber, das Schicksal kennt kein Erbarmen. Irgendwann traf der Notarzt in der Wohnung ein. Er stellte lapidar den Tod des Mannes fest und erklärte, dass der Tod schon mindestens vor 3 Stunden eingetreten sei. Er bescheinigte uns eine unnatürliche Todesursache. Damit war seine Mission beendet und er verabschiedete sich.

Für uns war die letzte Stunde der Nachtschicht aber noch lange nicht zu Ende. Wir versuchten verzweifelt, Ehefrau und Kinder zu beruhigen, dabei auch noch die erforderlichen Personalien und Daten zu erfragen und der Einsatzzentrale einen möglichst neutralen Lagebericht durchzugeben. Nebenbei scheuchten wir noch gaffende Nachbarn weg, die durch die Einsatzkräfte aufmerksam wurden und warteten auf die hier zuständigen Sachbearbeiter der Kriminalpolizei –einen Kriminaldauerdienst (KDD)- gab es zu der Zeit in unserer Stadt noch nicht. In Anbetracht der fortgeschrittenen Morgenstunde mussten wir so bis zum Eintreffen der Kripo gegen 08.00 Uhr vor Ort bleiben: Mit einem toten Vater und Ehemann, einer –verständlicherweise- völlig hysterischen Witwe und zwei völlig verstörten Kindern. Normalerweise wäre die Nachschicht um 07.00 Uhr zu Ende gewesen.

Wie will man einer Ehefrau und deren völlig verstörten, kleinen Kindern, deren Ehemann und Vater plötzlich und völlig unerwartet verstorben ist, Trost und Hilfe zukommen lassen? Wir bieten an, Verwandte zu verständigen. Das Schlimmste für uns und die Angehörigen ist, dass wir ihnen plausibel machen müssen, dass es sich hier aus polizeilicher Sicht um einen „Tatort" handelt, der nun einmal gesichert werden muss und es deshalb nicht möglich ist, den Vater und Mann zu sehen, was Alle ständig wollten.

 Endlich treffen die Kollegen der Kripo ein. Wir berichten in kurzen, präzisen Sätzen die Situation und verlassen die Wohnung.

Auf der Dienststelle hat bereits die Frühschicht übernommen. Übernächtigt, physisch und psychisch stark angeschlagen, setzen wir uns gemeinsam an die mechanischen, altersschwachen Schreibmaschinen und erledigen den erforderlichen Papierkram. Ein kriminalpolizeilicher Ereignisbericht in 4-facher Ausfertigung und der Eintrag in den Tagesbericht müssen sorgfältig und fehlerfrei erstellt werden....

Zwischenzeitlich ist es 09.00 Uhr. Der Papierkram ist erledigt. Vor 14 Stunden hat der Nachtdienst begonnen. Jetzt sind wir Zwei die letzten der Nachtschicht, die nach Hause gehen.

An Schlaf ist nicht zu denken, auch wenn die Müdigkeit ihren Tribut an Körper und Geist fordert.
Ich setze mich auf den Balkon, zünde mir eine Zigarette an, die ich eigentlich gar nicht mehr rauchen wollte und trinke eine Flasche Bier, das mir eigentlich gar nicht schmeckt, blättere unkonzentriert in der Tageszeitung... Irgendwann schlafe ich ein.

Ich weiß bis heute nicht, ob es sich bei dem Fall in der XYZ-Straße um einen Suizid oder einem tödlichen Unfall mit autoerotischem Hintergrund handelte. Ich will es auch gar nicht wissen. Ein Verbrechen lag jedenfalls offensichtlich nicht vor.

Ich kann mich heute nicht mehr an die Namen und Gesichter der Beteiligten erinnern. Wenn ich jedoch mit dem Auto vor dem Haus in der XYZ-Straße an der roten Ampel stehe, erscheint mir die skurrile Auffinde Situation der damaligen Leiche mit dem Elektrokabel in der Halsbeuge, vor Augen...

Golf GTI

Die Firma VW brachte in diesem Jahr ihren „Volksrennwagen", den Golf GTI, auf den Markt – der Traum aller Jungs! Für viele aber auch ein Albtraum – auch für die Kollegen, die die Unfälle mit diesen „Geschossen" aufnehmen mussten...

Eine laue Sommernacht beginnt gerade, als die Einsatzzentrale über Funk einen schweren Verkehrsunfall in einem Waldgebiet, kurz hinter dem Stadtrand mitteilt. Der Unfallaufnahmetrupp wird in Marsch gesetzt und eine Funkstreife unserer Dienststelle zur Unterstützung zur Unfallstelle beordert. Feuerwehr, Notarzt und Rettungsdienst sind verständigt. Es ist von mehreren Verletzten die Rede. Na toll, da ist mein Vater auch wieder in vorderster Reihe dabei, der ist nämlich heute Nacht bei der Stadtfeuerwehr im Dienst.

Was war geschehen? Ein nagelneuer Golf GTI, besetzt mit 4 jungen Männern, die sich vom Fußballtraining auf dem Heimweg befanden, war in einer leichten Linkskurve infolge stark überhöhter Geschwindigkeit von der Staatstraße abgekommen, ca. 30 Meter durch die Luft geflogen und in etwa 3 Metern Höhe gegen einen massiven Baum im Wald geprallt! Nach Lagemeldung der Beamten vor Ort an die Zentrale wurde der Pkw völlig zerrissen. Für die Insassen, den Fahrer, seinen 2 Jahre jüngeren Bruder und zwei Sportfreunde, kam jede ärztliche Hilfe zu spät. Sie überlebten den furchtbaren Aufprall nicht!

Während die Einsatzkräfte vor Ort die Unfallaufnahme und die Aufräumungsarbeiten durchführten, erhielten mein Streifenpartner und ich den Auftrag, die Hiobsbotschaft den Angehörigen des Fahrers und seines Bruders zu überbringen...

Mit mulmigem Gefühl fuhren wir los. Kurz vor dem Eintreffen an dem kleinen Siedlungshäuschen im Nordwesten der Stadt hörten wir noch über Funk, dass die Suche nach den Leichenteilen, die im dunklen Wald noch nicht gefunden werden konnten, abgebrochen und bei Tageslicht fortgesetzt wird...! Das war alles andere als motivierend für unseren unmittelbar bevorstehenden Einsatz...

Der Vater der beiden Jungs öffnete uns die Haustür, schlug die Hände vors Gesicht und schluchzte nur die Frage: „Sind sie tot?", bevor wir überhaupt grüßen konnten. Die Mutter, eine kleine Frau Mitte 40, kam aus der Stube, sah die Situation und brach sofort lautlos zusammen. Die Schwester der Verstorbenen, ca. 15 Jahre alt, brach in Tränen aus und setzte sich im Flur neben die Mutter. Chaos, grenzenlose Trauer, Elend, unmenschliches Leid und eventuelle akute Lebensgefahr für die Frau auf sechs Quadratmetern Flur! Jetzt hieß es kühlen Kopf behalten! Mein Kollege brachte den Vater in die Wohnung, ich machte mir kurz ein Bild vom Zustand der Mutter –offensichtlich Nerven- und Kreislaufkollaps- hier war Eile angesagt! Kurz und knapp forderte ich über Funk den Notarzt an und begab mich zurück zu den beiden Frauen. Gott sei Dank war die Atmung vorhanden, aber die Frau war bewusstlos! Ich gab dem Mädchen zu verstehen, dass es sich unbedingt um seine Mutter kümmern müsse bis der Arzt eintrifft – einerseits aus verständlichen medizinischen Gründen, andererseits, um es abzulenken-! Dann schaute ich in die Stube. Mein Kollege saß mit dem Vater am Esstisch und hielt ihm eine Hand. Der Mann saß in sich versunken am Tisch und murmelte immer nur vor sich hin: „Das Scheiß-Auto, das Scheiß-Auto.....". Ich kümmerte mich bis zum Eintreffen des Notarztes weiter um Mutter und Tochter. Von den Nachbarn, die herüberkamen und fragten, ob sie helfen können, erfuhren wir die Personalien der nächsten Familienangehörigen, die wir umgehend über die Einsatzzentrale verständigen ließen. Der gesundheitliche Zustand der Mutter war so schlecht, dass der Notarzt eine Einweisung in ein örtliches Krankenhaus als dringend notwendig erachtete.

Nach kurzer Zeit trafen nahe Verwandte ein. Erst ihnen konnten wir nun erklären, dass die beiden Söhne der Familie bei einem Verkehrsunfall tödlich verunglückt waren... Die grausamen Einzelheiten des Unfallhergangs ersparten wir den Leuten verständlicherweise erstmal...

Zurück auf der Dienststelle setzten wir uns mit den 4 Kollegen zusammen, die den Eltern der beiden verstorbenen Fußball-Kameraden die traurigen Nachrichten überbracht hatten. Auch hier war von grenzenlosem, unmenschlichem Leid die Rede. Der DGL bot uns an, die restliche Nacht keinen Außendienst mehr fahren zu müssen, falls es die Einsatzsituation zulässt... Eine Stunde später waren wir natürlich wieder auf der Straße –verständlicherweise– denn wer will seinen Kollegen schon die Doppelbelastung in einer weiterhin turbulenten Nacht zumuten, die 3 ausgefallene Streifen verursacht hätten...?

Am Nachmittag nach der Nachtschicht fuhr ich bei meinen Eltern vorbei. Ich erklärte meinem Vater, dass ich die Nachricht vom Tod der beiden Brüder überbringen musste. Er hörte mir aufmerksam zu und sagte, er könne „so etwas" nicht. Dann schaute er mich ernst an und meinte nur noch: „Sei bloß froh, dass Du nicht an der Unfallstelle sein musstest...".

Schwimmstunde

Montag, 18.12.1989, 06.00 Uhr in der Früh – Brückenstreife! Das bedeutet für nicht Eingeweihte:
Um spätestens 5.00 Uhr raus aus den Federn, kurzes Frühstück und dann ab zur Dienststelle. Um 06.00 Uhr rein in den Streifenwagen und auf gut fränkisch: „raus auf die Gass" und dann fängt man alles ein, was sich zwischen dem Wechsel der Nachtschicht zur Frühschicht so ergibt...

Diesen Morgen werde ich nie vergessen: Mein Streifenpartner, nennen wir ihn des Datenschutzes wegen einfach mal „Freddy" und ich stehen um 05.50 Uhr „gestiefelt und gespornt" im Aufenthaltsraum und wollen noch einen kleinen Kaffee trinken und kurz mal in die Tageszeitung schauen, als es aus dem Dienstgruppenleiterzimmer schreit: *„Raus mit der Brücke, Hilferufe aus dem Main, Höhe Steinach, unterhalb der Autobahnbrücke!"* Wir spurten zum Streifenwagen, melden uns über Funk bei der Einsatzzentrale auf Empfang, schalten Blaulicht und Martinshorn ein, fahren „mit Hurra" Richtung Süden und erhalten über Funk ein paar genauere Hinweise: *„Mitteilerin steht mit dem Auto auf Oberndorfer Seite, hat Fernlicht an und hört leise Hilferufe vom gegenüberliegenden Ufer! Anfahrt über den Hafen, dann dem Hochwasserdamm entlang Richtung Berg-/Grafenrheinfeld. Schaltet euer Blaulicht ein, dann hupt die Mitteilerin! Verschafft euch einen Überblick und gebt sofort Bescheid, wir schicken Hilfe."* Kurze, aber hilfreiche Hinweise und die Gewissheit, in der EZ sitzt ein Funker, der durchblickt und auf den man sich verlassen kann...

Damals gab es das Gewerbegebiet „Maintal" noch nicht! Kurz nach der Einmündung Hafenstraße/Röntgenstraße war Schluss mit Stadtgebiet, Beleuchtung, geteerten Straßen und urbaner Infrastruktur – ländliches Gebiet mit Feldern, Mainauen und einem befahrbaren Hochwasserdamm. Und... stockdunkle Nacht, Minus 2 Grad Celsius Außentemperatur, Hochwasser im Fluss und die letzte Schicht vor dem lang ersehnten Skiurlaub!

Freddy fährt wie ein Wilder durch die noch verschlafene Stadt und das gerade erwachende Hafen- und Industriegebiet Richtung Damm. Nach den letzten Betrieben wird es stockdunkel. Wir fahren auf den Damm, öffnen trotz der winterlichen Kälte beide Seitenscheiben und spähen in die Dunkelheit. Dann sehen wir auf der gegenüberliegenden Mainseite das Scheinwerferlicht und hören die Hupe. Wir steigen aus und lauschen in die Dunkelheit. Ganz leise hören wir aus Richtung Fluss noch ein paar Hilferufe! Scheiße, da ist doch tatsächlich einer im Wasser! Wir melden der EZ unser Eintreffen und geben durch, dass da wohl eine Person im Fluss um Hilfe ruft. Gleichzeitig melden wir uns „unbesetzt, über 2-Meter zu erreichen" und verlassen uns darauf, dass der Funker genau weiß, was er jetzt machen muss und rennen mit unseren Taschenlampen und dem Handfunkgerät Richtung Ufer. Gegenüber erkennt uns die Mitteilerin und stellt ihr hilfreiches Hupkonzert ein. Ganz schwach hören wir vom stockdunklen Fluss her noch ein paar Hilferufe, dann ist es still... Im Schein der Maglite erkenne ich am Ende eines riesigen, umgestürzten Baumes, kurz vor dem Übergang der Buhne* zum Fluss einen dunklen Punkt im Wasser! Verdammt, das ist ein menschlicher Kopf, der immer wieder untergeht und auftaucht! Aus dem Lautsprecher des Handfunkgeräts quäkt die Mitteilung, dass Feuerwehr, Wasserrettung und Notarzt unterwegs sind und wir unseren Standort so genau wie möglich durchgeben sollen, Hilfe sei in Kürze vor Ort. Der dunkle Punkt wimmert noch einmal um Hilfe und dann ist Stille! Ich sage zu Freddy: „Mann, der säuft vor unseren Augen ab... wir müssen was tun!" Gleichzeitig ist mir auch klar, dass mein Partner kein guter Schwimmer ist... ! Ich ziehe mich aus und laufe zur Uferbefestigung. Jahrelanges Wasserballtraining beim örtlichen Schwimmverein geben mir ein gewisses Selbstvertrauen... Freddy schreit mich an, dass ich nicht ins Wasser soll. Uns beiden ist klar, dass der „Schwimmer" da draußen das Eintreffen und Klarmachen der Rettungsdienste wahrscheinlich nicht überlebt...Ich schätze die Entfernung auf ca. 15 Meter – etwas weniger als eine Hallenbadbahn- und... es ist ja in einer Buhne, es kann ja nicht tief sein, da bist du gleich wieder am Ufer… Und schon steige ich rein in den Fluss.

Aber:
1. Habe ich die Wassertemperatur von 8 Grad Celsius,
2. das herrschende Hochwasser,
3. die dadurch bedingte starke Strömung und
4. den umgestürzten Baum, in dessen Geäst ich sofort gerieben wurde,
nicht ins Kalkül gezogen… und vor allem:
nach 3 Schritten hatte ich keinen Grund mehr unter den Füßen. Ich schwamm trotzdem zügig zu dem Mann am Ende des Baumes. Aus kurzer Entfernung sprach ich ihn an, bekam aber nur noch leises Wimmern als Antwort. Ich näherte mich ihm von hinten und bemerkte beim ersten Kontakt, dass er mir vermutlich nicht mehr gefährlich werden konnte, da er offensichtlich „steif gefroren" war und mich dadurch nicht mehr umklammern konnte – in so einer Situation schon mal ein großer „Lichtblick"! Ich sprach mit ihm. Er klammerte sich mit vermutlich letzter Kraft an den äußersten Zweig des umgestürzten Baumriesen, der mir beim Anschwimmen kräftig die Haut zerkratzte. Ich näherte mich dem Mann von hinten, packte ihn am Kopf, drehte ihm problemlos den Arm auf den Rücken und hatte ihn schnell in der Schlepphaltung und unter Kontrolle. Nun bemerkte ich aber, wie das eiskalte Wasser meinen Organismus lähmte… meine Kraft ließ spürbar nach – und dann der Baum: der war damals nicht mein Freund! Er versperrte mir den direkten Rückweg zum Ufer. Ich ging zu ersten Mal mit meinem „Rettling" kurz unter… Instinktiv nutzte ich dann aber die starke Strömung des Flusses, ließ mich mit ihm zusammen treiben und steuerte mit den Beinen Richtung Ufer, das aber noch weit entfernt und in der totalen Dunkelheit kaum auszumachen war. Wir gingen erneut gemeinsam kurz unter… Freddy schrie vom Ufer wie ein Wilder… Hilfe war noch nicht in Sicht. Also… weitertreiben lassen, Ruhe bewahren und im spitzen Winkel Richtung Ufer mit Brustbeinschlag

schwimmen. Ich sah am Ufer den Leuchtpunkt von Freddys Taschenlampe. Dort musst Du hin – wenn nur die Scheißkälte nicht so in die Muskeln fahren würde... und wieder tauchten wir gemeinsam unter. Ich wollte aber nicht ersaufen - ein Wasserballer ersäuft nicht! Schon gar nicht in der Dunkelheit in einem Fluss... Also wieder ein paar kräftige Beinschläge und das Ufer kam nun doch näher und irgendwann hatte ich Grund unter den eiskalten Füßen. An den Haaren zog ich den Unglücklichen auf die Steine der Uferbefestigung, fragte nach seinem Namen und warum er in den Main geraten sei. Er nannte mit seinen Namen, gab an, dass er sich das Leben nehmen wollte, deshalb von der Autobahnbrücke gesprungen sei und dann im eiskalten Fluss plötzlich zur Vernunft gekommen sei und Angst vor dem Tod bekam. Ich gab ihm eine schallende Ohrfeige und brüllte ihn an, dass wir Beide gerade beinahe ersoffen wären. Freddy zog ihn vollends an Land und ich kroch auf allen Vieren splitternackt hinterher... Dann sahen wir die Kolonne von Blaulichtern, die gerade auf dem Damm ankamen. Ich wankte in die Richtung unseres Streifenwagens, als mir der Notarzt entgegenkam und mich sofort behandeln wollte – torkelnd und lallend wie ein Betrunkener erklärte ich ihm, dass da Einer ein paar Meter weiter liegt, der seine Hilfe nötiger hätte. Der Arzt schaute mich ungläubig an, ordnete an, dass ich sofort in Decken gewickelt werden müsse und eilte zu Freddy und unserem „Kunden". Eine Streife der Frühschicht wickelte mich in mindestens 5 Wolldecken, legte mich auf die Rückbank des Streifenwagens und fuhr mich mit Tatütata zur Dienststelle. Wir gingen über den Hof zum Hintereingang in den Keller zu den Duschräumen. Dort setzte ich mich auf einen Hocker und genoss das heiße Wasser auf meiner völlig zerkratzten Haut. Irgendwann stand unser „Spieß" in voller Uniform vor mir im Duschraum und hielt mir ein großes Glas Cognac vor die Nase. „Bei großer Kälte hilft am besten ein warmes `Jäckchen`" waren seine Worte und ich kippte das Glas ohne Widerspruch...

Der Brückenspringer hat überlebt. Nach Aussage der Ärzte war es allerdings „Rettung in allerletzter Sekunde". Wie sich herausstellte, trieb der Mann fast 4 Stunden im eiskalten Wasser, bis ihn die aufmerksame Mitteilerin hörte, die Rettungskette auslöste und eine vorweihnachtliche „Brückenstreife" mit einem abenteuerlichen Bad im stockdunklen Hochwasser des winterlichen Mains ein glückliches Ende fand...

Immer wenn ich auf der Autobahn die Main-Brücke befahre, kommen mir die Szenen dieses denkwürdigen Morgens vor nunmehr über 25 Jahren in den Sinn...

*Buhnen: Im Flußbau werden Buhnen (Stein- und/oder Erdaufschüttungen), je nach Ausführung, zu zwei gegensätzlichen Zwecken eingesetzt. Entweder dienen sie der Fahrrinnenvertiefung oder aber der Renaturierung.
Quelle: Wikipedia.de

Späte Liebe…

Aus einer Dienststelle einer hessischen Großstadt kommt das nüchterne Fernschreiben, dass am Vormittag der 41-jährige Herr Peter S. als Fußgänger bei einem Verkehrsunfall mit einer Straßenbahn tödlich verletzt wurde. Als einzige Angehörige konnte bislang nur seine geschiedene Ehefrau Claudia S., wohnhaft in unserem Dienstbereich, ermittelt werden. Unsere Dienststelle wird gebeten, die Todesnachricht zu übermitteln und eventuelle Angehörige am Wohnort des Opfers ausfindig zu machen.

So habe ich mir den Start in die neue Schichtrunde mit dem Mittagsdienst nicht gewünscht – aber was solls, einer muss es ja machen. Mein Streifenpartner hat auch schon ein paar schöne Jahre Erfahrung „auf dem Buckel" und wir verstehen uns gut. Er liest noch mal das Fernschreiben durch, zieht eine Kopie und meint zuversichtlich: „Du, die sind schon seit fast 5 Jahren geschieden, das wird wohl nicht so schlimm werden, lass uns fahren…".

Wir fahren zu dem betagten Mehrfamilienhaus am Rande der Innenstadt. 12 Mietwohnungen, verteilt auf 4 Stockwerke. Frau S. wohnt natürlich in der 4. Etage, Lift ist nicht und das abgewohnte Treppenhaus hat auch schon bessere Tage gesehen. Nach dem Betätigen der Türglocke hören wir das Weinen eines Kindes aus der Wohnung. Kurz darauf öffnet uns Frau Claudia S. mit einem ca. 2-jährigen Mädchen auf dem Arm die Tür. Sie trägt ein langes, fleckiges T-Shirt, unförmige Boxershorts und Flip-Flops, die speckigen, langen Haare hängen ungekämmt herunter. An ihrem Blick und ihrer Körpersprache erkennen wir sofort, dass wir hier nicht unbedingt zu den willkommenen Gästen zählen…

Wir stellen uns namentlich vor, erklären sachlich, dass wir eine schlechte Nachricht zu überbringen hätten und fragen höflich, ob wir in die Wohnung kommen könnten. Unser Gegenüber ist mehr als misstrauisch und zögert. Erst als wir erklären, dass wir in einer Familienangelegenheit hier wären, werden wir schließlich eingelassen. Im Flur stellt sich Frau S. vor uns und will wissen, warum wir hier wären. Der Fragestellung und der Gesamtsituation entsprechend erklären wir ihr im Stehen in kurzen, knappen Worten den Grund unseres Besuchs. Mit versteinerter Miene entgegnet uns Frau S., dass sie seit langem von Peter S. geschieden sei und *„er halt besser hätte aufpassen sollen"*. Ok, das war knapp und bündig – nun noch die lapidare Frage nach anderen Angehörigen und der heikle Einsatz wäre verhältnismäßig locker gelaufen...

Weit gefehlt: Die 38-jährige Frau S. beginnt völlig unvermittelt hysterisch „Peter, Peter, mein Peter!" zu schreien! Das Kind auf ihrem Arm weint und aus dem Zimmer am Ende des Flurs kommt ein ca. 185 cm großer, muskelbepackter junger Mann -eindeutig afroamerikanischer Abstammung- in einer typischen, grauen US-Army-Unterhose drohend auf uns zu. Erst als er uns als Polizeibeamte erkennt, sinken seine geballten Fäuste ein paar Zentimeter... Von wegen „verhältnismäßig locker..."! Hinter dem ca. 22-jährigen „Sixpack" kommt ein zweites Kind im Alter von etwa 5 Jahren in den Flur und beginnt ebenfalls hemmungslos zu weinen... und schon haben wir eine Situation, die in keinem Lehrbuch und keiner Ausbildung vorkommt.

Frau S. wird immer hysterischer, der GI ist völlig ratlos und die beiden Kinder heulen um die Wette. Dem US-Soldaten erklären wir so gut es geht in englischer Sprache ganz kurz den Zweck unseres Besuches. Er kapiert sehr schnell, nimmt behutsam, fast zärtlich Frau S. das kleine Mädchen aus dem Arm, das zweite Kind an der Hand und geht mit den Beiden ins Kinderzimmer.

Wir versuchen behutsam Frau S. zu beruhigen. Ein schweres Unterfangen – immer und immer wieder kreischt sie hysterisch den Vornamen ihres Ex-Ehemannes. Erst als wir sie gezielt auf ihre Kinder ansprechen, wird Frau S. etwas ruhiger und lässt schließlich mit sich reden. Endlich können wir mit ihr ins Wohnzimmer. Sie sinkt erschöpft auf die abgewetzte Couch, hält sich die Hände vors Gesicht und wimmert leise vor sich hin...

Irgendwann erfahren wir von ihr die Telefonnummer ihrer Schwester, rufen dort an und 20 Minuten später ist die Schwester vor Ort und kümmert sich um Frau S. Wir erfahren die noch unbedingt nötigen
Daten und verabschieden uns.

Der dunkelhäutige Muskelmann kommt mit den Kindern aus dem Zimmer und fragt höflich und schüchtern, ob wir den Vorfall der Militärpolizei melden würden und ob er Repressalien seitens der Armee zu befürchten habe. Als wir dies verneinen hört man förmlich den Stein, der ihm vom Herzen fällt. Er nimmt die beiden Kinder wieder mit ins Kinderzimmer und singt ihnen mit melodischer Soul-Stimme ein Kinderlied...

Von wegen „lockerer Einsatz"...

Hirntot...

Das Datum: Eine „Schnapszahl", so ein Tag an dem man gerne heiratet oder sonst etwas Schönes macht und sich aufgrund der Zahlenkonstellation leicht daran erinnern kann. Für mich war es ein Tag mit Früh- und Nachschicht und der Aussicht auf einen einwöchigen Segeltörn am darauffolgenden Tag. Aber erst kam die Nachtschicht. Brückenstreife von 18.00 bis 21.00 Uhr (der Begriff wurde bereits im Kapitel „Schwimmstunde" hinreichend erklärt). Tscharlie und ich wollen gerade losfahren als wir vom Dienstgruppenleiter den Auftrag erhalten, zum Autobahnzubringer zu fahren – unmittelbar nach der Brücke hat sich ein schwerer Verkehrsunfall ereignet. Mit Blaulicht und Martinshorn geht es Richtung Unfallort. Schon von weitem sind mehrere Blaulichter zu erkennen. Auf der rechten Fahrspur stadtauswärts der

Kraftfahrstraße steht ein Lkw mit Warnblinkanlage. 2 Rettungsfahrzeuge und ein NAF stehen mit Blaulicht und Warnblinkanlage in der Ausfahrt. Auf dem kleinen Rasenstück zwischen Kraftfahrstraße und Abfahrt herrscht hektische Betriebsamkeit. Der Notarzt und mehrere Sanitäter kümmern sich um einen jugendlichen Körper, der im Gras liegt. Während Tscharlie die Unfallstelle absichert und einen kurzen Erstlagebericht an die Einsatzzentrale absetzt, erfahre ich, dass es zu einem Zusammenstoß zwischen dem Lkw und einem jugendlichen Radfahrer gekommen sei. Der Notarzt sagt kurz und knapp, dass es „nicht gut aussehe"! Ein Sanitäter übergibt mir einen heulenden Buben und zeigt mir den völlig konsternierten Lkw-Fahrer. Von dem 15jährigen Buben erfahre ich, dass er zusammen mit seinem ebenfalls 15jährigen Freund mit den Fahrrädern in das neu eröffnete Schnellrestaurant im Gewerbegebiet zum Burger-Essen unterwegs war. Um abzukürzen fuhren die beiden nicht über die Abfahrt und durch die Unterführung ins Gewerbegebiet, sondern überquerten mit ihren Bikes die Kraftfahrstraße unmittelbar vor dem Mittelstreifen – genau da, wo die Fahrbahn am breitesten ist! Er hat es noch nach drüben geschafft, sein Freund fuhr genau vor den Lkw! Der Junge stand offensichtlich erheblich unter Schock und ich gab ihn wieder in die Obhut eines Rettungsdienstlers.

Ich sprach den Lkw-Fahrer an. Der Mann sprudelte regelrecht den deckungsgleichen Sachverhalt heraus, den der schockierte Junge mir schilderte. Dann heulte er wie ein Schlosshund und erklärte mir, dass er zwei Kinder im Alter von 13 und 15 Jahren Zuhause hätte... Der Familienvater und Unglücksfahrer absolvierte bereitwillig den obligatorischen Alkoholtest, der keinerlei Promillewerte anzeigte, händigte die Tachoscheibe aus, aus der klar zu ersehen war, dass er zum Unfallzeitpunkt eindeutig unter der zulässigen Höchstgeschwindigkeit gefahren war und dann zeigte er mir etwas, was mir kurz „das Blut in den Adern gefrieren ließ": Die Stelle an seinem Lkw, mittig, kurz unterhalb der Windschutzscheibe auf der Fronthaube, an der der Kopf des Jungen aufschlug. Die Gewalt des Aufpralls hat eine kleine Beule im Blech des Lasters hinterlassen, aber die unheimliche Wucht hatte einen ganzen Büschel Kopfhaare des Jungen in den Lack gebrannt... Er sagte noch, dass er den ersten Radfahrer als dunklen Schatten registriert und sofort eine Vollbremsung seines 11-Tonners eingeleitet habe. Dann hörte er den Knall und sah ein Fahrrad davon fliegen... Danach war der Mann ebenfalls reif für die Sanis...

In der Zwischenzeit war der Schwerverletzte abtransportiert und ins Krankenhaus eingeliefert worden. Der Notarzt vor Ort sagte mir, dass wir mit dem Ableben des Jungen rechnen müssten... Ich gab den Sachverhalt durch und bat um Verständigung der Staatsanwaltschaft. Von dort wurde verfügt, dass ein Sachverständiger zur Unfallstelle kommt.

Zusammen mit Tscharlie nahm ich den Unfall auf. Professionell und wie ein Uhrwerk sicherten wir gemeinsam Spuren, fotografierten und vermaßen wir die Unfallstelle, die beteiligten Fahrzeuge, suchten Zeugen, machten Notizen über Wetter, Sicht- und Straßenverhältnisse, gaben Lagemeldungen an die EZ und die Dienststelle skizzierten Unfallort, Lkw und Fahrradlage und warteten auf den Sachverständigen. Dabei achteten wir akribisch auf den fließenden Verkehr, der auf der viel befahrenen Ausfallstraße zu der Zeit obligatorisch war und durch den Unfall erheblich behindert wurde.

Dann kam der Dienststellenleiter zur Unfallstelle. Er verschaffte sich einen Überblick und hörte sich den Sachverhalt an, den ich ihm schilderte. Er fragte mich aus für mich nicht nachvollziehbaren Gründen, ob ich die Kratzspur gesichert hätte, die die Pedale des Fahrrades auf dem Asphalt hinterlassen haben muss. Ich verneinte dies und erklärte, dass wir akribisch alle Spuren gesichert hätten. Er kroch daraufhin auf allen Vieren über den Asphalt und wollte diese Spur finden. Als ich ihm erklärte, dass er sich das Beschmutzen seiner Hose sparen könne, weil weder ich, noch mein Partner eine solche Spur gefunden hatten, warf er mir eine nachlässige Unfallaufnahme vor. Ich ließ mir diesen Vorwurf nicht gefallen, widersprach und äußerte, dass diese Spur erstens nicht vorhanden und zweitens nicht von Belang sei. Es entspann sich eine handfeste Auseinandersetzung zwischen Vorgesetztem und Mitarbeiter – absolut nicht dienlich bei so einem ernsten Einsatz! Während des Streites traf der Kfz.-Sachverständige an der Unfallstelle ein und unterbrach die unliebsame Situation. Er verschaffte sich einen Überblick, nahm Unfallstelle und Fahrzeuge in Augenschein, hörte sich die bisher ermittelten Fakten an und erklärte dann klipp und klar, dass die angeblich durch Nachlässigkeit nicht gesicherte Abriebspur der Pedale völlig irrelevant sei und durch aus einfach nicht sichtbar sein könne. 1: 0 für mich! Der zweite Reibungspunkt ergab sich kurz darauf auf der Dienststelle, als ich bei der Erstellung des Unfallberichts den schwerverletzten, jugendlichen Radfahrer als Verursacher des Unfalls in die Formblätter eintrug! Auch hier entspann sich wieder ein heftiger Disput zwischen dem Chef und mir als Sachbearbeiter. Wieder eine vermeidbare Situation, die den sowieso außergewöhnlich belastenden Einsatz nicht gerade leichter machte. Letztendlich stand es dann aber 2:0 für mich!

Die Verständigung der Angehörigen wurde in dieser Nacht von Kollegen meiner Schicht übernommen, da Tscharlie und ich im Krankenhaus noch mit den behandelnden Ärzten redeten, die umfangreichen Schreibarbeiten erledigten und den Fall erstmal „unter Dach und Fach" bringen mussten. Die Überbringer der Hiobsbotschaft berichteten mir, dass die Eltern des Schwerverletzten die Nachricht zwar sehr geschockt, aber doch gefasst aufgenommen hätten. Die Ärzte der Kinderstation, in welche der Junge eingeliefert wurde erklärten mir noch in der Unfallnacht, dass ihrer Meinung nach ein eindeutiger Hirntod vorliege... die ethischen und rechtlichen Voraussetzungen für so eine Ausnahmesituation müssen befolgt und abgewickelt werden...

Am Nachmittag nach der Nachtschicht fuhr ich mit meinen besten Freunden und dem Bewusstsein, „die letzte Nacht alles richtig gemacht zu haben" für eine Woche zum Segeln in die Ostsee. Drei Tage später rief ich von unterwegs auf der Dienststelle an und erfuhr, dass der Junge zwischenzeitlich verstorben sei, nachdem seine Eltern das Abschalten der lebenserhaltenden Maschinen verfügt hatten.

Nach meinem Urlaub konzentrierte ich mich auf die Bearbeitung des Unfalls. Ich fuhr mehrmals mit dem Freund des Verunglückten zur Unfallstelle, ließ mir die Situation vor Ort aus verschiedenen Perspektiven genau zeigen, studierte das Gutachten des Sachverständigen, holte den Wetterbericht des Unfalltages ein, besorgte mir bei der Verkehrsbehörde maßstabsgerechte Pläne der Unfallstelle, fertigte eine Bildtafel und vernahm Zeugen und den Lkw-Fahrer und brachte schließlich den „Fall zu Papier".

Irgendwann konnte ich das sichergestellte Fahrrad des Jungen an die Familie zurückgeben. Der Vater kam um 19.00 Uhr zu Beginn der Nachtschicht auf die Dienststelle um es abzuholen. Ich ging mit ihm in ein Büro und erledigte die Formalitäten. Dann kam es zu einer langen, intensiven Unterhaltung. Der Mann erzählte mir zahllose Einzelheiten aus dem Leben seines Sohnes und der Familie. Im Laufe des Gesprächs sagte er wörtlich: „Mein Sohn hat gelebt wie ein Verrückter und ist gestorben wie ein Verrückter – schon als Dreijähriger war er auf dem Dreirad der Schnellste im Hof. Auf dem Skateboard, auf Rollschuhen und mit dem Fahrrad war er kaum halten – immer Volldampf und ab durch die Mitte!". Dann erzählte er mir, dass er die besten Freunde seines verstorbenen Sohnes ins Krankenhaus eingeladen hatte, als die lebenserhaltenden Maschinen gestoppt wurden... Seine Absicht war, die Jungs zu warnen! Sie sollten am Beispiel seines Sohnes sehen, wie schnell ein junges Leben durch Leichtsinn und Leichtfertigkeit verwirkt sein kann! Ich merkte, dass es dem Vater guttat, offen mit mir über den Unfall reden zu können. Es kam in der langen Unterhaltung nicht ein Wort des Vorwurfs gegen den unglückseligen Lkw-Fahrer über seine Lippen. Im Gegenteil, er nahm ihn in Schutz und bedauerte ihn!

Das Strafverfahren gegen den Lkw-Fahrer wegen fahrlässiger Tötung im Straßenverkehr wurde vom Gericht eingestellt.

Auf der Grünfläche neben der Unfallstelle stand lange Jahre ein schlichtes Holzkreuz mit dem Vornamen des Jungen und dem Unfalldatum. Irgendwann war es weg...

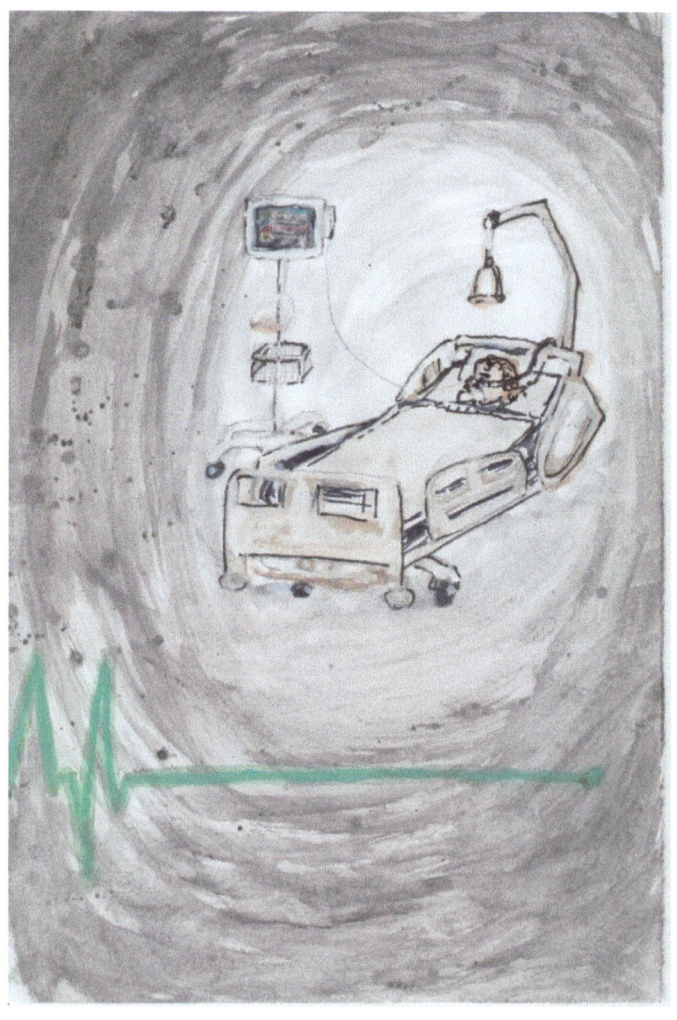

Polizisten-Weihnacht

Mit den Weihnachtsgeschichten ist das so eine Sache! Entweder sind sie total rührselig und schon fast traurig – oder beinahe schon richtige „Büttenreden". Die meisten sind außerdem frei erfunden.

Die folgende hat sich allerdings garantiert wirklich zugetragen:

Vor längerer Zeit trat eine Dienstgruppe einer Polizeiwache ihre Nachtschicht an. Es war Heiliger Abend. Das Wetter war alles andere als weihnachtlich: Es regnete leicht, der Wind pfiff kräftig und es war saukalt. Die Stimmung bei der Dienstbesprechung war gut aber man rechnete mit Allem, denn die erfahrenen Männer hatten meist schon mehrere Festtagsdienste auf dem Buckel und wussten, dass an so einem besonderen Tag schon ganz schön Ärger bevorstehen kann.

Der allgemeine Höhepunkt der Nacht sollte natürlich das gemeinsame Essen sein, für das zwei Hobby-Köche der Schicht verantwortlich waren. Es sollte Truthahn geben. Die drei Baby-Puten hatten sich die wackeren Männer der Schicht bei dem traditionellen Truthahnschießen der Amerikaner hart erkämpft. Nicht dass man da auf lebende Truthähne schießen musste – nein, da schoss man mit einer 3er Mannschaft mit einer Schrotflinte auf Zielscheiben und der Beste erhielt einen tiefgefrorenen, küchenfertigen Baby-Truthahn.

Die drei Trophäen wurden zuhause bereits vorbereitet und gefüllt und wanderten dann auf der Dienststelle in den Backofen. Dazu waren Klöße, Blaukraut und Gurkensalat vorgesehen.

Aber erst gab es mal die obligatorische Heilig-Abend-Routine: Zwei Kleinunfälle mit gar nicht mehr weihnachtlich gestimmten

Beteiligten; einen saftigen Familienstreit; die zugeparkte Grundstücksausfahrt, die zwar nicht benutzt werden musste-aber-schließlich hat man ja auch am Heiligen Abend seine Rechte! Oder? Weiterhin beschäftigte man sich noch mit zwei Ruhestörungen durch zu laut abgespielte Weihnachtslieder, die den Nachbarn in den Ohren klangen; einem überfahrenen Hasen; einer entlaufenen Katze und einer Schlägerei mit zwei angetrunkenen Jugendlichen. Also: den „ganz normalen Wahnsinn"... Der Wermutstropfen des Abends war jedoch ein ungeklärter Tod einer alten Frau, die durch ihre Angehörigen in ihrer Wohnung gefunden wurde, als diese dort die Geschenke abliefern wollten –schöne Bescherung–! Auch für die Kollegin der Kripo, die Bereitschaftsdienst hatte und ausrücken musste (KDD gab es noch nicht!). Glücklicherweise konnte schnell geklärt werden, dass die alte Frau keinem Verbrechen, sondern einem altersbedingten Leiden zum Opfer gefallen war.

Gegen 21.30 Uhr kehrte so langsam aber Ruhe ein. In der Dienststelle breitete sich ein würziger Geruch aus und alle waren in gespannter Erwartung auf das bevorstehende Essen. Die Kollegin der Kripo sog erstaunt das Aroma der bruzzelnden Truthähne und des schmurgelnden Blaukrauts ein und verdrehte genießerisch die Augen. Spontan wurde sie von den Kollegen zum Essen eingeladen, was sie auch dankbar annahm. Das Nachtmahl konnte ungestört eingenommen werden und bald sah man auf der Wache überall frohe Gesichter und Kollegen, die sich die Bäuche rieben und die Köche für ihre Mühen lobten. Die nette Kollegin von der Kripo half schließlich noch beim Spülen und Aufräumen, was ihr natürlich die Sympathien der ganzen Mannschaft einbrachte.

Plötzlich klingelte es an der Tür der Wache. Draußen stand ein mickriges Männlein mit Rucksack, zwei Plastiktüten und Kleidung, die auch schon bessere Tage gesehen hatte und für jeden erkennbar aus der Kollektion der Caritas-Kleiderkammer stammte – ein Penner-!

Durchgefroren und klitschnass – ein Bild des Jammers. Er habe heute kein Glück gehabt, die Herberge für Durchwanderer hat schon lange geschlossen, die Bahnhofsmission war zu und auch sonst hat er keinen warmen Unterschlupf gefunden.

Man bot ihm erst mal einen Platz auf dem „Sünderbänkchen" in der Wache an und gab ihm einen heißen Kaffee. Dann wählten sich zwei Kollegen die Finger wund –aber ohne Ergebnis- nirgends konnte der arme Tropf untergebracht werden. Es wurde hin und her überlegt – in die Kälte konnte man ihn nicht wieder lassen, das war klar. Aber… wohin mit ihm?

„Tu mern halt nei die Zelle, da hat er ein Bett und warm ist`s auch, oder?" sagte ein Kollege. *„Du spinnst doch, des kömmer doch net mach!"* entgegnete ein anderer. *„Warum eichentlich net? …wenn er doch mit einverstanden wär… besser als bei dem Mistwetter draußen wärs allemal!"* …brummte schließlich ein dritter. Gesagt – gefragt!

Ganz wohl war`s ihm net gleich, dem durchnässten Elend, aber nach kurzer Bedenkzeit hat er eingewilligt und ist in sein ganz besonderes Weihnachtsdomizil eingezogen. Vielleicht hat ihn aber auch die Tasse Glühwein überzeugt, die ihm angeboten wurde…

So langsam ist dann doch der Weihnachtsfrieden in die Dienststelle eingezogen. Es war gespült, die Kollegin von der Kripo ist nach Hause gefahren worden und das Telefon schwieg auch mal längere Zeit.

Von den drei Truthähnen war noch ziemlich viel übrig, ein paar lauwarme Klöße lagen auch noch rum und vom Blaukraut war auch noch was da.

„Wann hat wohl der Typ in der Zelle das letzte Mal was Warmes gegessen?" sinnierte einer der „ganz Harten" plötzlich halblaut vor sich hin. *„Na so Was bestimmt scho lang nimmer!"*… entspann sich

aus dem Nichts heraus eine Konversation. Und nach ein paar weiteren schlauen Sprüchen war man sich einig und brachte einen großen Teller mit Truthahnfleisch, zwei Klößen, Blaukraut und einem guten Schoppen Soße in den Keller.

Ganz große Augen hat er gemacht, der Gast, und man konnte zuschauen, wie ihm das Wasser im Mund zusammenlief, als er den überladenen Teller in sein Gemach gestellt bekam. Zweimal hat er gefragt, ob das wirklich für ihn sein. Als ihm dies mit einem freundlichen „Fröhliche Weihnachten" bestätigt worden war, machte er sich über den Braten her und putzte alles restlos weg.

Als er am nächsten Morgen wieder auf die Walz ging, bedankte er sich überschwänglich bei den Kollegen und sagte, dass er sich wie das Christkind im Stall gefühlt hatte, in der Weihnachtsnacht und der Polizeistern der Außenbeleuchtung sei ihm wie der Stern von Bethlehem vorgekommen... Als er allerdings noch sagte, dass ihm die Geschichte seine Kumpane nie glauben würden, was ihm in der Heiligen Nacht widerfahren sei, hallte aus dem Zimmer des Wachhabenden ein lautes *„Halt Stopp!"* und schon kam der Schichtführer wie von der Tarantel gestochen aus seinem Zimmer gerannt. *„Du gibst mir jetzt sofort Dein Indianer-Ehrenwort, dass Du Keinem von dieser Nacht erzählst!"* forderte der Chef energisch. Erschrocken hob der Gast die Hand und schwor das Verlangte.

Als er die Wache verlassen hatte fragte der verdutzte Schichtbenjamin, warum denn der Chef so komisch reagiert hätte. *„No ganz klar"*... entgegnete ihm sein „Bärentreiber" ..."*wenn sich des bei denen rumspricht, haben wir jede Nacht die Bude voll...!"*.

Gänsehaut am Telefon

06.32 Uhr:

Funksprecher (EZ): „Notruf Polizei, guten Morgen".

Anruferin: „Hallo hier ist Müller, hier auf der B 19 ist gerade ein Amerikaner mit seinem Auto in den
Graben gefahren. „

EZ: „Ist jemand verletzt?"

Anruferin: „Nein, der Soldat ist ausgestiegen und steht neben dem Auto im Graben."

06.33 Uhr:

EZ: „Wo ist die Unfallstelle genau?"

Anruferin: „ Auf der B 19, kurz hinter der Einmündung B-Dorf in Richtung A-Stadt."

EZ: „Wir schicken jemand vorbei, ist die Unfallstelle abgesichert?"

06.34 Uhr:

Anruferin: „Oh mein Gott, der wird doch das Auto sehen, Mann, mach langsam, pass doch auf, oh Gott oh Gott, da kommt ein Motorrad, ich glaub der sieht das Auto nicht… Nein, Nein, Nein!!! Der ist voll in das Auto gekracht, der hat gar nicht gebremst, der fliegt 30 Meter durch die Luft…" (Im Hintergrund waren das anschwellende, laute Brummen eines Motors und ein gewaltiger Schlag zu hören)

EZ: „Bleiben Sie bitte von der Fahrbahn weg und sichern die Unfallstelle ab, ich schicke Ihnen sofort Hilfe"

EL (Einsatzleiter): „Was ist denn mit Dir los, Du bist ja käseweiß im Gesicht?"

06.35 Uhr:

Der eingedrillte Automatismus läuft trotz des totalen Schocks ab wie ein Uhrwerk: Verständigung des Rettungsdienstes per Direktleitung zur Rettungsleitstelle, Vergabe der Unfallaufnahme an die nächstgelegene Streife, Absetzen der Verkehrswarnmeldung über den Computer und Anlegen und Dokumentation des Einsatzes im Einsatzleitsystem und nebenbei noch ein paar beruhigende Worte an Frau Müller, die Augenzeugin.

06.37 Uhr:

Die imaginäre Checkliste ist abgearbeitet, der Automatismus nimmt seinen Lauf. Erstmal tief durchatmen – jetzt bekommt der Einsatzleiter (EL) erst die Antwort auf seine Frage – zwischenzeitlich konnte er aber den Sachverhalt bereits im System lesen...

Später erfahre ich, dass ich den tödlich verunglückten Motorradfahrer gekannt habe. Ein ehemaliger Nachbar und Sohn einer engen Freundin meiner Mutter. Ich war „nur" Ohrenzeuge des schrecklichen Ereignisses, weit weg, im Warmen, in Sicherheit und trotzdem: Das ging „an die Nieren"! Wie muss es wohl Frau Müller gehen?

Keine Probleme zu erwarten...?!

Samstagnachmittag ging per Fernschreiben eine Nachricht aus einem Revier einer deutschen Großstadt bei uns ein. „Bitte um Verständigung der Angehörigen nach tödlichem Verkehrsunfall". Ein älterer Herr wurde von einem Lastwagen erfasst und verstarb noch an der Unfallstelle. Als einzige Angehörige konnte eine Schwester des Verstorbenen ermittelt werden, die in unserem Zuständigkeitsbereich wohnte.

Der zuständige Stadtteilseelsorger wurde telefonisch erreicht und sagte sofort seine Unterstützung zu. Er kannte die Familie und wir holten ihn im Pfarrhaus ab.

Die Wohnung wurde uns von einem Ehepaar Mitte der Siebziger geöffnet und die Frau begrüßte uns mit den Worten: „Ach, Herr Pfarrer, schön sie mal wieder zu sehen! Aber warum kommen Sie denn mit der Polizei?". Wir wurden in die Wohnung gebeten und man bot uns im Wohnzimmer Platz an. Um uns herum „Gelsenkirchener Barock", weiße Spitzendeckchen auf den Sessellehnen und dem Couchtisch und weit und breit kein Stäubchen.

Der Pfarrer erklärte den Leuten einfühlsam den Sinn unseres Besuchs. Als die Dame des Hauses vom Unfalltod ihres Bruders in der fernen Stadt erfuhr, zeigte sie erst kaum eine Regung. Schließlich erklärte sie uns völlig gefasst und in ruhigem Ton, dass sie ihren Bruder seit Jahren nicht mehr gesehen hatte und die familiäre Bindung nicht besonders eng war. Bis auf schriftliche Weihnachts- und Geburtstagswünsche gab es keine Verbindung.

Na, das war kurz und schmerzlos – hatten wir gedacht...

Als wir uns zum Verabschieden erheben wollten, fing die Frau plötzlich am ganzen Leib an zu zittern, schluchzte und brach unvermittelt und äußerst heftig in Tränen aus! Der Ehemann nahm seine Frau vorsichtig in die Arme und blickte uns hilfesuchend an. Er war von der Situation offensichtlich völlig überfordert.

Gemeinsam mit dem Pfarrer versuchten wir die Frau zu beruhigen, was uns aber erst nach langem Zureden und vielen tröstlichen Worten einigermaßen gelang. Es stellte sich heraus, dass der verunglückte Bruder der letzte lebende Angehörige des Paares war.

Dem Geistlichen gelang es, die Frau insoweit zu beruhigen, dass die Verständigung eines Arztes als nicht notwendig erachtet werden konnte und erklärte sich bereit, noch vor Ort zu bleiben und weitere Seelsorge zu leisten.

Unsere Anwesenheit war nicht mehr erforderlich und wir verabschiedeten uns.

Fazit: Du fährst mit verhältnismäßig vielen Informationen zu einem Einsatz, von dem du annimmst, dass es Routine wird, aber: *Es kommt immer anders, als man denkt!*
Deshalb sollte bei solchen Verständigungen immer wenigstens ein(e) erfahrene(r), abgeklärte(r)) Kollege/in dabei sein, um die Lage in den Griff zu bekommen...

Volles Programm...

Ich sitze am Frühstückstisch als der örtliche Radiosender zum dritten Mal innerhalb einer Viertelstunde berichtet, dass der Autobahnzubringer kurz nach der Stadt infolge eines schweren Unfalls total gesperrt ist. Außer verschiedener Umfahrungsmöglichkeiten kommen jedoch keine weiteren Informationen zum Unfall selbst über den Äther. Naja, da hats mal wieder tüchtig gekracht...
Kurze Zeit später bin ich in der Dienststelle und melde mich zum Frühdienst. Der Dienstgruppenleiter nimmt mich zur Seite und erklärt mir, dass wir sofort ausrücken müssen, um eine Todesnachricht zu überbringen.

Was war passiert? Auf dem Autobahnzubringer hat wieder mal ein Sattelzug gewendet und ein nachfolgender Pkw ist in das Hindernis geprallt – Hauptunfallursache auf diesem Abschnitt der Bundesstraße in den vergangenen Jahren. Nur diesmal ging die Todsünde des Lkw-Fahrers für einen jungen Familienvater tödlich aus und... besonders tragisch und dreist: der Sattelzugfahrer ist mit dem, unter dem Auflieger eingeklemmten Pkw, noch 100 Meter weitergefahren, hat die Zugmaschine abgekuppelt und ist mit dieser geflüchtet, ohne sich um sein Opfer zu kümmern!

Der Pkw-Fahrer hatte keine Chance und war sofort an der Unfallstelle verstorben. Laut Meldedatei war er verheiratet und hatte 2 kleine Kinder. Kein angenehmer Einsatz. Über die Rettungsleitstelle war bereits ein Notfallseelsorger alarmiert worden. Ein Novum in unserer Stadt! Wir fuhren also los und holten den evangelischen Pfarrer an seiner Kirche ab: Junger Mann, ebenfalls junger Vater, sympathische Erscheinung, angenehmer „Erster Eindruck". Auf der Fahrt zur Wohnadresse erzählte er uns, dass dies sein „erster echter Notfalleinsatz" sei! Er habe die

Ausbildung zum Notfallseelsorger gewählt, aber bisher sei er von so einem schweren Einsatz verschont geblieben...

An der Wohnung angekommen, wird uns nicht geöffnet. Eine Nachbarin spitzt aus der Wohnungstür und sagt uns bereitwillig, dass Frau X. um diese Zeit immer ihre Kinder in den Kindergarten und in die Schule bringt und dann im Geschäft ihrer Eltern mitarbeitet.

Wir geben der Dienststelle Bescheid und fahren zum elterlichen Handwerksbetrieb im gleichen Viertel. Als wir parken kommt ein junger Mann mit Arbeitskleidung aus dem Haus gerannt und bittet uns, nicht den Laden zu betreten, sondern den Hintereingang zu benutzen. Wir sind erstaunt und folgen ihm. Er sprudelt sofort los und erklärt uns, dass er bereits am Radio die Unfallmeldung gehört hat und nun mutmaßte, dass wir deshalb hier wären. Er sei der Bruder und die Mutter im Laden dürfe keinesfalls erfahren, „dass etwas Schlimmes passiert ist", denn sie sei schwer herzkrank! Wir bestätigen kurz die Vermutung des jungen Handwerkers, worauf uns dieser in die Wohnung im ersten Stock des Hauses führt. Dort ist bereits ein großer Teil der Familie um das Radio versammelt und schaut uns erwartungsvoll-ängstlich an. Wir versuchen mit möglichst schonenden Wort die schreckliche Tragweite des furchtbaren Unfalls zu schildern. Letztendlich kommen wir nicht darum herum und müssen den anwesenden Angehörigen die Todesnachricht eröffnen. Der Senior der Firma, ebenfalls in Arbeitskleidung, kommt auf mich zu und redet pausenlos auf mich ein. Ich nehme ihn etwas zur Seite und höre ihm aufmerksam zu. Der Pfarrer und mein Kollege kümmern sich um die anderen Familienmitglieder, die völlig unterschiedlich reagieren. Der alte Meister hält meine Hand umklammert und erzählt mir in kürzester Zeit die gesamte Familiengeschichte. Er kann gar nicht aufhören, von seinen Söhnen, den Enkeln und vom Betrieb zu erzählen... ich lasse ihn gewähren und bemerke, dass ihm dies offensichtlich momentan guttut. Eine jüngere Frau -eine Schwägerin- stellt Kaffee auf den Tisch und „aus den Augenwinkeln heraus" registriere ich die Bemühungen des Seelsorgers und meines Kollegen, die sich um die anderen Angehörigen kümmern. Dann steht plötzlich eine weitere junge Frau im Wohnzimmer, starrt mich mit schreckgeweiteten Augen an, beginnt hemmungslos zu Schreien und stürmt auf mich zu. Sie brüllt und schlägt völlig unkontrolliert auf mich ein. Ich bin total geschockt und anfangs zu keiner Reaktion fähig. Instinktiv versuche ich den Schlägen auszuweichen und sie so sanft wie möglich abzuwehren bis schließlich der Bruder des Verunglückten und zwei Schwägerinnen die junge Witwe bändigen und von mir wegziehen... auch sie hatte Radio gehört und sofort gewusst, was Sache ist, als sie den Streifenwagen vor dem Haus und uns im Wohnzimmer der Schwiegereltern gesehen hat...

Nach ungefähr zwei Stunden verließen wir mit sehr gemischten Gefühlen die Familie. Der junge Notfallseelsorger äußerte, dass er sich seine „Feuertaufe" doch wesentlich unspektakulärer vorgestellt habe, aber nun wisse, was künftig auf ihn zu käme. Uns fragte er, wie oft wir solche Einsätze zu bewältigen hätten und er bekam die salomonische Auskunft: „Wenn Du Glück hast, vielleicht mal alle drei Jahre, wenn Du Pech hast, dreimal in der Woche"!

Diese Benachrichtigung löste sämtliche denkbare Verhaltensweisen bei den beteiligten Familienangehörigen aus und zeigte in aller Deutlichkeit die ganze Bandbreite der verschiedenen Reaktionen der Betroffenen.

Eine meiner schwersten Benachrichtigungen.

Positiver Schlusspunkt: Der Unfallverursacher konnte drei Tage nach dem Unfall am Flughafen Nürnberg festgenommen werden, als er sich per Flieger in sein Heimatland absetzen wollte und wurde zu einer langen Haftstrafe verurteilt.

„Familienbande"

Als ich meinem Bruder von dem Plan erzählte, dieses Buch zu schreiben, sagte er spontan zu mir: „Da hat sich bei mir auch so ein Einsatz ins Hirn eingebrannt! Kannst Du Dich noch an den Flugzeugabsturz am Baggersee erinnern? Ich werde nie vergessen, wie ich Dich damals angetroffen habe…":

Ein heißer Sommertag geht zu Ende und ich zur Nachtschicht…
Kurz nach 20 Uhr meldet die Einsatzzentrale einen Flugzeugabsturz in einen See, nahe des dortigen Flugplatzes. Wir sind mit die ersten Einsatzkräfte, die an der Absturzstelle eintreffen. Ein Sportflugzeug liegt schwer beschädigt in einem wassergefüllten Baggerloch, ca. 30 Meter vom Ufer entfernt und leichter Qualm steigt auf… Sofortmeldung an die Einsatzzentrale und dann nimmt der Einsatz seinen Lauf…

Wir stehen mit einigen Feuerwehrmännern und Sanitätern am Ufer und hören Schreie und Stöhnen aus dem Cockpit des Flugzeuges – Insassen leben! Wir sind uns einig, es ist keine Zeit zu verlieren und wir müssen handeln. Ich gebe meinem Streifenpartner meine Waffe und ziehe die Uniform aus. Zusammen mit 3 Feuerwehrmännern und 2 Sanitätern tragen wir über Kopf eine Trage mit Vakuum-Matratze zum Wrack. Dabei erkennen wir, dass das Flugzeug noch nicht brennt und der Qualm vom verdunstenden Motoröl kommt…

Ein Sanitäter und ein Feuerwehrmann sind bereits auf die verunglückte Maschine gestiegen und haben zwei lebende, schwer verletzte Kinder aus dem Cockpit bergen können. Sie werden auf Tragen gelegt, die bereits von anderen Hilfskräften an das Wrack gebracht wurden. Als nächstes bergen die Helfer einen schwerstverletzten, großen Mann aus der Kabine und legen ihn auf unsere Trage. Nun stellt man sich vor, 6 erwachsene Männer können doch leicht einen Mann 30 Meter weit tragen... an Land ja, aber über Kopf in einem Baggerloch mit morastigem Untergrund und ständig wechselnder Wassertiefe ist dies eine echte Herausforderung – zumal der Verletzte einen stark blutenden, offenen Beinbruch hatte und unter heftigen Schmerzen litt. Aber wir haben es geschafft. Die Mutter der Familie konnte ebenfalls schwerverletzt aber lebend aus dem Wrack geborgen und an Land gebracht werden, der Pilot ist unmittelbar bei dem Absturz ums Leben gekommen.

An der Staatsstraße war mittlerweile eine ganze Armada an Einsatz- und Rettungskräften angekommen und immer mehr waren im Anmarsch.

Ich kümmerte mich am Rand der Kreisstraße um „unseren Verletzten", leistete Erste Hilfe und Beistand, als ein Einsatz-Fahrzeug der Wasserwacht mit quietschen Reifen neben mir hielt und mein Bruder, der damals noch nicht bei der Polizei, wohl aber in der Schnelleinsatzgruppe der Wasserwacht tätig war, sprang aus dem Auto, kam auf mich zu gerannt und schrie außer sich: „Warst Du wohl auch in dem Flieger? Wie geht es Dir? Wie schaust Du denn aus? Was hast Du für Verletzungen?"

Erst jetzt registrierte ich mein Äußeres: Von Kopf bis Fuß blut- und schlammverschmiert, patschnass und in Unterwäsche - was für ein Bild für einen gerade ankommenden Verwandten.......

Schnell waren die Umstände erklärt und der „kleine Bruder" beruhigt, aber... „das hat sich ins Hirn eingebrannt"!

Bemerkung am Rande: Ein gemeinsamer, guter Freund hatte in der Nacht mit dem Einsatz seine erste Feuertaufe in der Rettungsleitstelle und hat diese, trotz Hindernissen, mit Bravour gemeistert... mehr sei hier nicht verraten!

Zwischenkommentar:

Als mein Freund Jochen, der dankenswerter Weise als mein „Lektor" fungierte, das Manuskript bis zum vorherigen Kapitel gelesen hatte, meinte er, dass diese Erlebnisse unbedingt veröffentlicht werden sollten, auch wenn es sehr „starker Tobak" ist. Allerdings würde dem Leser zwischen den tragischen Ereignissen auch mal etwas Humor guttun. Meinen Einwand, dass es sich hier nicht um eine Anekdotensammlung handelt und ich ja schon die „Polizisten-Weihnacht" zur Auflockerung eingefügt habe, ließ er nicht gelten. In seiner unverblümten Art sagte er: „Du hast in Deiner Laufbahn soviel witziges Zeug erlebt, da könnste ruhig a ä bissle was davo schreib!". Spontan sind mir zwei Ereignisse eingefallen, bei denen ich zwar nicht so gut weggekommen bin, über die ich aber im Nachhinein trotzdem schmunzeln kann:

K. O.

Freitagabend in der Verfügungsschicht – Unterstützung der Nachtschicht von 21.00 -02.00 Uhr.
Eddi und ich werden zu einer Bar am Rande der Innenstadt geschickt. Mitteilung: „Betrunkener Randalierer verlässt die Bar nicht".

Vor Ort schätzen wir sofort die Lage richtig ein: „Amtsbekannt, 190 cm groß, 100 kg Lebendgewicht, geschätzte 2 Promille im Blut und auf Krawall gebürstet"! Der Laden ist knallvoll und das Publikum ist erkennbar gespannt, „was nun abgeht". Der Form halber lassen wir dem Probanden vom Wirt in unserem Beisein nochmal ein Lokalverbot aussprechen, was dieser dümmlich grinsend hört aber auch geflissentlich ignoriert indem er dem Wirt anbietet, „dass er ihn mal kreuzweise könne...". Nachdem die Fronten geklärt sind und ein unterschriebener Strafantrag des Anzeigeerstatters in meiner Lederjacke verstaut ist, erhält der Störenfried von uns die obligatorische Aufforderung, das Lokal zu verlassen. Die Androhung, dass im Weigerungsfall die zwangsweise Entfernung aus der Bar durchgeführt wird, folgt unmissverständlich. Beides wird vom Gegenüber ebenfalls mit einem lallenden: „Leckt mich am Arsch, ich geh wann ich will und ihr Witzfiguren habt mir gar nix zu sagen!" quittiert. Nun hat der Spaß ein Ende und wir nehmen den „Brocken" in unsere Mitte. Trotz der überwiegend sensationsgierigen Barbesucher, die nur zögerlich Platz machen und anfänglicher heftiger Gegenwehr schieben wir den sich Sträubenden durch die Menge Richtung Tür und bringen ihn auf Straße. Vermutlich angestachelt durch die frische Luft und die dummen Kommentare einiger Sympathisanten, die ebenfalls auf die Straße gekommen sind, brüllt der Herr, dass er sofort wieder ins Lokal gehen werde und versuchte, aus unseren Griffen frei zu kommen. Auch die Androhung des Sicherheitsgewahrsams ignorierte er mit saftigen Beleidigungen und dem Versuch, sich gewaltsam zu befreien. Da nun klar war, dass ein Gewahrsam unumgänglich ist, wurde ihm dies eröffnet, was seine Wut und Gegenwehr jedoch nur noch steigerte und eine Fesselung rechtlich vertretbar machte. Ich hielt den einen Arm des Betrunkenen zur Fesselung bereit und holte mit der anderen Hand gerade meine Handschellen aus der Gürtelschlaufe, als es „mir schwarz vor den Augen wurde…"!

Wie in einem Disney-Comic kreisten irgendwann bunte, zwitschernde Vöglein um meinen Kopf, der in Watte gebettet schien und ich wunderte mich über die sonderbare Perspektive meiner Umgebung. Ganz langsam registrierte ich, dass ich rücklings mitten auf der Fahrbahn lag und vier besorgte Kollegen um mich herumstanden und mich aufforderten, doch etwas zu sagen und fragten, ob ich aufstehen könne. Aus der Ferne vernahm ich das Heulen eines Martinshorns und kurz darauf standen auch noch zwei besorgte Sanitäter über mir…

Was war geschehen? Ich konnte mich nicht erinnern. Von meinen Kollegen wurde ich aufgeklärt:
Just in dem Moment, wo ich unserem Probanden aus der Bar die Handschellen anlegen wollte, kam eine zweite Streifenbesatzung zu unserer Unterstützung. Ein Kollege sprang aus dem noch fahrenden Auto und eilte mir von hinten mit ausgestrecktem Arm und geballter Faust im Schweinsgalopp zu Hilfe! Leider traf er aber nicht den Randalierer, sondern mich mit voller Wucht am Hinterkopf! „Du bist gefallen wie eine Eiche", war der Kommentar meines Streifenpartners…

Ich überstand die „Hilfeleistung" mit einer dicken Beule und einer leichten Gehirnerschütterung. Dem „Kollegen mit der Eisenfaust" erteilte ich Tage später ein „Annäherungsverbot an meine Person von mindestens 5 Metern" und empfahl ihm einen Besuch beim Augenarzt.

Bei der Feier anlässlich seines Eintritts in den Ruhestand konnte ich es mir nicht verkneifen, diesen „Fall" nochmal „Revue passieren" zu lassen...

Bratzen hoch, aber schnell!

Klaus und ich fahren mit unserem dunkelgrünen VW-Käfer um Mitternacht durch die menschenleere Innenstadt. Plötzlich hören wir das Splittern von Glas. Im Licht der Scheinwerfer sehen wir zwei schemenhafte Gestalten, die gerade eine Glasvitrine eines Haushaltswarengeschäftes ausräumen und wie die Hasen in verschiedene Richtungen davonrennen als sie uns sehen. Klaus, ein trainierter Fußballer und ausdauernder Läufer, springt vom Beifahrersitz und verfolgt den Einen, ich fahre dem Zweiten mit dem Käfer hinterher und schlage über Funk Alarm. Mein Einbrecher kennt sich offensichtlich aus in der Innenstadt, denn plötzlich stehe ich vor einer schmalen Gasse mit Absperrpfosten. Vorbei mit der Autoverfolgung. Raus aus dem Käfer und zu Fuß hinterher. Der Kerl rennt wie der Blitz. Kreuz und Quer durch die Altstadt geht die wilde Hatz. Er in Jogginghosen, Turnschuhen und Pulli, ich in

Haferlschuhen, Lederjacke, Pistole... Außerdem habe ich den Eindruck, dass der Flüchtende um einige Jahre jünger ist als ich. In der Hoffnung, dass die restliche Schicht aufgrund meiner Funkmeldung in der Innenstadt auf den Beinen ist, rufe ich den Dieb in regelmäßigen Abständen laut an und fordere ihn zum Stehenbleiben auf. Vielleicht hört man mich. Irgendwann verschwindet der Verfolgte in der Dunkelheit des „Alten Friedhofs" – einer unübersichtlichen Parkanlage direkt neben unserer damaligen Dienststelle. Auf mein Rufen reagiert niemand in der Wache. Um auf mich aufmerksam zu machen ziehe ich die Dienstpistole und schieße zweimal in die Luft (Anmerkung: sogenannter „Herbeiholungsschuss") und sofort geht ein Fenster auf und der Wachhabende brüllt, was los sei. Ich informiere ihn kurz und er erklärt, dass er alleine auf der Station sei – alle anderen Kollegen seien zur Fahndung in der Stadt unterwegs. U.a. sagt er mir, dass Klaus den zweiten Einbrecher nach kurzer Verfolgung festnehmen konnte und die Beiden Taschenmesser im Wert von fast 1000 DM aus der Vitrine gestohlen hatten. Der Festgenommene feiere übrigens gerade seinen 14. Geburtstag! Ich verschwand wieder im Dunkel des Parks und bewegte mich in die Richtung, in der ich den Flüchtenden zuletzt sah. Im südöstlichen Bereich wurde der Park durch eine alte Bruchsteinmauer begrenzt. Dahinter lagen die Bahngleise und eine schmale Gasse. Ich erklomm die Mauer und schaute direkt in die ca. 2 Meter entfernte Mündung einer Pistole!!! Gleichzeitig hörte ich das wohlbekannte Gebrüll meines Kollegen Hartl: „Bratzen hoch, aber schnell." Verdammt, der erkennt mich nicht! „Nicht schießen, ich bin's doch!" Schreie ich schrill zurück. Von der anderen Seite kommt erneut die gebrüllte Aufforderung: „Nimm sofort Deine Bratzen hoch oder es knallt!". Noch lauter antworte ich: „Nicht schießen, ich bin's doch, der Bloody!". Aber mein Kollege erkennt mich immer noch nicht. Erst als ich mich wiederhole und ihm erkläre, dass ich doch gar nicht die Hände hochheben könne, weil ich sonst von der Mauer falle, kommt die Einsicht: „Mann, du Trottel hast mich vielleicht erschreckt!" „Ganz meinerseits, Herr Kollege, würdest Du jetzt endlich die Pistole wegstecken, ich habe die Hose gestrichen voll!", war meine Antwort. Dann mussten wir beide trotz der ernsten Lage erstmal herzhaft lachen…

Der festgenommene, gerade strafmündig gewordene, jugendliche Einbrecher auf der Dienststelle gab während seiner Vernehmung nach anfänglichem Schweigen seinen Mittäter preis und wir trafen diesen kurz darauf zuhause an. Er war 16 Jahre alt und hatte sein Zimmer mit zahlreichen Sieger-Urkunden tapeziert, aus denen zu ersehen war, dass er ein echtes Leichtathletik-Ass war…

Diese Geschichte kommt immer wieder mal zur Sprache und sorgt für Gelächter, wenn wir „Alten" in „trauter Runde" zusammensitzen und über unsere dienstliche Vergangenheit reden…

PAKET

Nach erfolgreicher Ausbildung muss jede bayerische Polizeibeamtin, jeder bayerische Polizeibeamte, bindend irgendwann zwei Seminare „Verhaltenstraining" besuchen: PAKET 1 und PAKET 2.

Die Abkürzung **PAKET** steht für:

Polizeiliches
Antistress,
Kommunikations- und
Einsatzbewältigungs-
Training.

Seminar 1 erstreckt sich über zwei Wochen und wird in einer der zahlreichen Aus- und Fortbildungsstätten der bayerischen Polizei durchgeführt. Jeweils zwei „Paket-Trainer" kümmern sich in der Zeit um ihre Gruppe, die aus allen Abteilungen der Polizei zusammengewürfelt ist. Bei der Zusammenstellung der Gruppen wird akribisch darauf geachtet, dass sich die Teilnehmer untereinander nach Möglichkeit nicht kennen und auch nicht von „Nachbardienststellen" kommen, um ein möglichst objektives Seminar-Team zu bekommen. Außerdem verspricht man sich davon, dass man dann auch „offener" miteinander umgeht und in der Stammdienststelle „nicht verraten" wird.

Das zweite PAKET-Seminar dauert eine Woche und schließt sich in der Regel erst nach einem längeren Zeitraum an.

Ziele dieser Seminare sind die Steigerung der beruflichen Zufriedenheit, Stärkung des beruflichen Selbstbewusstseins und das Angebot positive Gesprächstechniken zu erlernen. Weiterhin erhofft sich der Dienstherr Anregung zur Verbesserung des Betriebsklimas und Lösungen für Konflikte aus den Reihen der Basis. Durch die vielfältigen Erfahrungen der Teilnehmer soll menschliches Handeln verständlich gemacht werden und ein gutes Verhältnis zum Bürger gefunden werden. Kurz und gut: Die künftige Arbeit soll positiver gestaltet werden.

Man kann zu diesen Seminaren stehen wie man will, die Teilnahme ist Pflicht und man wird für einige Zeit aus der Tretmühle des Dienstes genommen. Man erweitert den Horizont und kann in lockerer Atmosphäre entspannen. Als einer der Ersten wurde ich Mitte der 90er Jahre auf diese Veranstaltung geschickt. Mein erstes „PAKET" führte mich im Spätsommer in den tiefsten Oberpfälzer Wald, nahe an die tschechische Grenze. Mit den 11 Kollegen und 2 Trainern meines Seminars hatte ich großes Glück. Hier hatten sich 14 Kollegen getroffen, bei denen schon nach kurzem Kennenlernen „die Chemie stimmte".

Ich stehe dem Ganzen positiv gegenüber, habe die Teilnahme genossen und viel Gutes mit nach Hause genommen.

Mein 2. PAKET-Seminar fand Jahre später in einer Fortbildungseinrichtung in Niederbayern statt. Hier war es den Planern wirklich gelungen: Die Teilnehmer kamen aus allen bayerischen Gegenden und keiner kannte auch nur entfernt den anderen. Der Beginn des Seminars stand unter einem schlechten Stern. Trotz redlicher Bemühungen der beiden Trainer und der Anwendung der verschiedensten psychologischen Tricks kam keinerlei Bewegung in die Sache. Die Teilnehmer waren verschlossen, zeigten kaum Interesse und der erste Tag „zog sich wie Kaugummi". Am Vormittag des zweiten Seminartages waren die beiden Trainer mit ihrem Latein am Ende. Unmut machte sich auf beiden Seiten breit und wir wurden von den beiden Trainerkollegen „als die härtesten Nüsse" bezeichnet, die sie bisher unter ihren Fittichen hatten.

Nach der Mittagpause des zweiten Seminartages versuchten die Beiden wieder verzweifelt, ein Gespräch anzuleiern, als sich plötzlich ein sehr junger Kollege zu Wort meldete und schier verzweifelt in die Runde warf: „Also, ich habe es mir jetzt lange überlegt und jetzt trau ich mich einfach! Ich muss hier etwas loswerden, was mich seit einem halben Jahr extrem belastet und worüber ich noch mit niemand sprechen konnte!".

Der junge Polizist schüttete sichtlich erschüttert sein Herz aus:
„Vor etwa einem halben Jahr musste ich zusammen mit meinem Dienstgruppenleiter eine Todesnachricht an eine junge Ehefrau und Mutter überbringen. Der Mann war Lastwagenfahrer und im Ausland beim Entladen seines Lastzuges auf extrem grausame Art und Weise ums Leben gekommen (Anmerkung des Verfassers: ich erspare dem Leser die Einzelheiten des wirklich grauenhaften und tragischen Unfallhergangs!). Wir fuhren also in das kleine Dorf. Die junge Frau öffnete uns und bat uns in die Stube. Dort spielten die zwei kleinen Kinder. Ohne irgendeine Einleitung begann dann mein Dienstgruppenleiter der Frau, im Beisein der Kinder, das Unfall-Fernschreiben völlig emotionslos Wort für Wort vorzulesen. Die Frau hörte anfangs entsetzt zu und brach dann in Tränen aus. Ich versuchte anfangs durch lautes Räuspern und dann auch durch zupfen am Ärmel den Redefluss meines Vorgesetzten zu unterbrechen, aber er las wie eine Maschine jedes Wort, einschließlich der Satzzeichen und auch der internen Zusätze das ellenlange Fernschreiben bis zum Ende. Dann stand er da und zeigte keine Regung. Ich wusste nicht was ich tun sollte. Ich war noch nie in so einer Situation. Eine völlig geschockte, fassungslose Frau, zwei heulende Kinder und ein Vorgesetzter, der schweigend und ausdruckslos an die Wand starrte. Irgendwann kamen dann Nachbarn hinzu, die sich um die Frau kümmerten. Ich bin seitdem völlig verunsichert, habe kein Vertrauen mehr zu meinem Dienstgruppenleiter und eine panische Angst vor dem nächsten Einsatz dieser Art!"

Schweigend und fasziniert hingen die Kollegen an den Lippen des Erzählers. Eine ganze Weile war kein Laut zu hören und die Spannung im Raum war körperlich zu spüren. Der junge Beamte saß in sich zusammengesunken. Er zitterte am ganzen Leib.

Wie aus dem Nichts entwickelte sich eine rege Diskussion, an der sich alle Teilnehmer beteiligten! Die Pakettrainer zeichneten eine Tabelle an die Tafel und machten den Vorschlag, das belastende Erlebnis des Kollegen und das Verhalten des Vorgesetzten gemeinsam zu analysieren.

Die Zurückhaltung war wie weggewischt und gemeinsam kamen wir in lebhaften Diskussionen zu dem Ergebnis, dass der Dienstgruppenleiter mit der geschilderten Aufgabe offensichtlich völlig überfordert und schlecht vorbereitet war. Hinsichtlich des Erzählers einigten wir uns darauf, dass hier dringend ein klärendes Gespräch zwischen ihm und seinem Vorgesetzten nötig sei, das unbedingt von externen Personen begleitet sein muss. Geeignet wären hier z.B. ein Personalrat des Vertrauens, ein Polizeiseelsorger und/oder ein Angehöriger des psychologischen Dienstes oder des Polizeilichen Sozialen Dienstes beim zuständigen Präsidium.

Der junge Kollege war sichtlich erleichtert und dankbar für das große Interesse, das alle Kollegen „seinem Fall" entgegenbrachten und die umfangreiche Hilfestellung durch das Seminar.

Seine Geschichte war die Initialzündung, die unser Kurs dringend nötig hatte. Die Themen flogen nur so zu, es wurde diskutiert, erzählt, zugehört, gelacht, gemeinsam nach Lösungen gesucht und die restliche Woche verging „wie im Flug".

Obwohl ich die tragische Geschichte des Kollegen „nur gehört habe" und ich keinerlei persönlichen oder dienstlichen Bezug zu dem Vorfall habe, habe ich manchmal heute noch, ausgelöst durch bestimmte „Stichworte" diesen grausamen Betriebsunfall vor Augen, als hätte ich ihn selbst mit erlebt…

„Warum hat das so lange gedauert?!"

Sommersamstag, Pay-Day bei den Amis, Kirchweih im „Glasscherbenviertel" und Nachtschicht – auf einen Nenner gebracht: Stress pur. Und dann gleich zu Beginn ein Suizid. Die KPI ist vor Ort und wir erhalten den Auftrag, die Todesnachricht zu überbringen. Ein junger Mann ist mit der Welt nicht mehr zurecht gekommen , hat einen Abschiedsbrief hinterlassen und seinem kurzen Leben ein Ende gesetzt. Dies müssen wir nun den Eltern klarmachen.

Wir stehen wieder mal mit „Kloß im Hals" vor einer Wohnungstür und wissen nicht, was uns dahinter erwartet. Ein Mann mittleren Alters öffnet uns und meint grinsend: „Oh, ist unser Fernseher wohl zu laut?". „Nein, das ist nicht der Grund, wir sind wegen einer wesentlich ernsteren Sache hier, dürfen wir eintreten?" erwidere ich. Das Lächeln des Mannes erstirb und sofort kommt die Frage: „Ist etwas mit den Kindern?". „Ja, es geht um ihren Sohn P." erwidere ich. Der Mann geleitet uns ins Wohnzimmer und stellt uns seine Frau vor. Er bietet uns Platz an und wir setzen uns in die Polstergarnitur. „Die Herren sind wegen P. hier, hoffentlich hat er nichts angestellt…" sagt er zu seiner Frau. „Nein, angestellt hat er nichts – es ist schlimmer!", leite ich die Nachricht ein. Als wir nun mit klaren aber überlegten Worten unsere Todesnachricht den Eltern eröffnen, schauen wir in zwei tieftraurige Gesichter. „Insgeheim haben wir irgendwann einmal damit gerechnet, aber dass es jetzt schon so weit ist, kann ich nicht fassen", sagt die Mutter. Dann erzählen uns die Eltern von ihren beiden Söhnen. Der eine, der Ältere, hat nach dem Abitur eine gute Arbeit gefunden, ist beruflich erfolgreich und hat mittlerweile eine eigene, kleine

Familie. Der Jüngere, P., ebenfalls Abiturient, hat zweimal die Lehre abgebrochen und sich immer mehr in eine Phantasiewelt zurückgezogen. Zwischenzeitlich stellte uns die Frau Kaffee auf den Wohnzimmertisch und fragte, ob wir vielleicht etwas zu essen möchten. Da wir wussten, dass „draußen der Teufel los ist" lehnten wir dankend ab. Die Frau ließ es sich aber nicht nehmen, Salzgebäck und Nüsse auf den Tisch zu stellen. Die Eheleute erzählten, dass sie alles Mögliche versucht hatten, ihren Sohn wieder „in geordnete Bahnen" zu leiten. Der junge Mann flüchtete sich in eine imaginäre Welt und ließ niemand an sich heran. Es war den Eltern ein Bedürfnis, sich auszusprechen.   Da kannst Du nicht einfach aufstehen und gehen, also hörten wir noch eine Weile zu, besprachen mit den Leuten die anstehenden Formalitäten und gaben hilfreiche Ratschläge. Dann verabschiedeten wir uns. Nach erfolgter Einsatzmeldung über Funk erhielten wir sofort den nächsten Auftrag. Nach Streifenende erwartete uns bereits der „noch neue" Dienstgruppenleiter-Vertreter mit säuerlicher Miene. Leicht gereizt stellte er uns die Frage: „Warum hat das denn so lange gedauert? So eine Verständigung ist doch Pillipalli! Da braucht man doch keine Dreiviertelstunde! Draußen ist die Hölle los und ihr „ pelzt euch" mit einer Verständigung!". Ich holte tief Luft und antwortet ruhig: „Okay, die nächste Todesnachricht überbringen wir Beide. Dann zeigst Du mir, wie das geht. Ich bin lernwillig und lernfähig!". Die Gesichtsfarbe meines Gegenübers färbte und sich von tiefrot in käseweiß und das Gespräch war beendet...

Nachbereitung

Seit Jahren ist es Tradition, dass der „harte Kern" unserer ehemaligen Schicht an einem Tag im Juli oder August mit dem Zug nach Forchheim „aufs Annafest" fährt. Gut gelaunt starten wir in Schweinfurt. In Hassfurt steigt Achim zu. Ich begrüße ihn erfreut, denn eigentlich hatte er dieses Jahr einen anderen Termin und wollte eigentlich gar nicht mit. Achim erwidert: Du, ich muss unbedingt unter Leute. Ich hatte heute Morgen, am Ende der Nachtschicht, so ein schlimmes Erlebnis. Ich brauche Ablenkung, aber ich will euch nicht damit belasten. Lass uns einfach auf das Annafest und schön feiern". Gut gelaunt fuhren wir nach Forchheim und wanderten auf den Kellerberg. Mir entging nicht, dass Achim zwar äußerlich guter Dinge war, aber dass es „in ihm brodelte". Nach der ersten Maß Kellerbier schaute mich Achim lange an und dann kam der Satz: „Wenn es dir nix ausmacht, würd ich dir schon gern erzählen, was passiert ist, ich glaub es muss raus!". Wir setzten uns etwas abseits und Achim erzählte:

„Ich hatte heute Morgen die letzte Streife mit Svenja. Die Nachtschicht war fast gelaufen, als wir in die XY-Straße geschickt wurden. Dort benötige der Rettungsdienst unsere Unterstützung. An dem Mehrfamilienhaus angekommen trafen wir im 2. Stock eine blutverschmierte, völlig hysterische, junge Frau und einen Mann an. Die Wohnungstür stand offen und auf dem Boden des Flurs und des Treppenhauses war eine riesige Blutlache -so eine Lache habe ich noch nie gesehen!

Ich kann mich noch daran erinnern, dass in der Lache ein belegtes Brötchen schwamm… Dann sah ich eine leblose Person mit einer großen, klaffenden Schnittwunde am Hals im Flur liegen. Sanitäter und ein Arzt standen im Blut. Der Mann vom Treppenhaus gab sich in der Hektik als Nachbar der hysterischen Frau aus und sagte, dass er das Kleinkind der Frau in seine Wohnung gebracht hätte. Die Frau schrie dann immer wieder: *Der ist noch in der Wohnung, der ist noch in der Wohnung*! Svenja und ich betraten dann die Wohnung und durchsuchten Zimmer für Zimmer. Auf dem Balkon trafen wir dann einen zusammengekauerten Mann an, der sich dort versteckt hatte. Die Lage war völlig unklar und wir nahmen den Mann fest und fesselten ihn. Zwischenzeitlich war die Frühschicht zur Unterstützung eingetroffen und die Tatbestandsaufnahme ergab, dass der Mann vom Balkon der Ex-Geliebte der Wohnungsinhaberin war und im Treppenhaus seinem Nebenbuhler aufgelauert hatte und diesem die Kehle durchgeschnitten hatte, als dieser zur Arbeit gehen wollte. Mittlerweile wurden uns dann noch Seitens der Rettungsdienst-Angehörigen, die lange vor der Polizei an den Tatort gerufen worden sind, der Vorwurf gemacht, dass ja der Täter noch in der Wohnung gewesen ist! Du weißt, ich bin kein Weichei, aber das war die Hölle!"

Ich hörte zu, sparte mir jeden Kommentar und bot Achim an, dass ich in meiner Eigenschaft als Personalrat bei der Dienststellenleitung eine Nachbereitung des Einsatzes unter Einbeziehung aller Einsatzkräfte anregen würde, was dieser befürwortete. Unter Einbeziehung zweier Polizeiseelsorger und des PSD nahmen fast alle involvierten Einsatz- und Rettungskräfte an dieser Nachbereitung teil und es konnten nahezu alle Ungereimtheiten besprochen und geklärt werden.

Zum Autor:

Hajo Lehr, gebürtiger Schweinfurter, Jahrgang 1953, begann nach der Realschule 1971 seine Ausbildung bei der Bayerischen Bereitschaftspolizei in Nürnberg. Seinen ersten dramatischen Einsatz erlebte er als Angehöriger der jüngsten, damals eingesetzten Bereitschaftspolizei-Hundertschaft bei den Olympischen Spielen 1972 in München. Er wurde damals zusammen mit seinen Kollegen Ohrenzeuge des Debakels auf dem Militärflughafen Fürstenfeldbruck, die ca. 400 Meter Luftlinie entfernt in der dortigen Polizeischule untergebracht waren. Nach dem Anstellungslehrgang in Hammelburg kam er Anfang 1974 zur Polizeiinspektion Schweinfurt-Stadt und verrichtete dort bis Oktober 2002 Schichtdienst in der Dienstgruppe. Bis zur Auflösung der Polizeidirektion im Januar 2006 war er als Funksprecher in der dortigen Einsatzzentrale tätig. Nach weiteren 2 Jahren Schichtdienst folgten 6 Jahre Freistellung als Personalrat. Nach 42 Jahren und 3 Monaten wurde er Anfang 2014 in den Ruhestand verabschiedet.

Hajo Lehr war insgesamt nahezu 20 Jahre Mitglied des Personalrates und 25 Jahre Vorsitzender der Kreisgruppe Schweinfurt der Gewerkschaft der Polizei (GdP). Aufgrund dieser Tätigkeiten lernte er zu den schon umfangreichen dienstlichen Erfahrungen auch viele private Sorgen und Nöte seiner Kolleginnen und Kollegen kennen.

hajo.lehr@online.de

https://shoutout.wix.com/so/aM8GAHef?cid=d9617c33-dd05-48d2-9151-3713ae1474a8#/main

http://www.focus.de/wissen/mensch/tabuthema-tod-wenn-sie-eltern-sagen-muessen-dass-zwei-ihrer-kinder-tot-sind_id_7849564.html

http://www.mainpost.de/regional/schweinfurt/Motorradfahrer-Polizeidienst;art742,9785912

Rose Black:

Delila Berger, geboren 1982 in Freital/Sachsen. Unter dem Künstlernamen *„Rose Black"* ist die Malerin aus Niederwerrn, Landkreis Schweinfurt, für ihre makabere und düstere Art bekannt.

„Als ich die **Witwe Meier** las, lief vor meinem geistigen Auge ein Film ab. Nach einem persönlichen Gespräch mit dem Autor Hajo Lehr kamen wir gemeinsam zu dem Entschluss, dass ich, die für mich bewegensten Momente, in Illustrationen festhalten werde".

https://in-und-um-schweinfurt.de/lokales/das-malen-ist-es-was-mich-am-leben-erhaelt-delila-berger-alias-rose-black-und-ihre-duesteren-bilder/

https://www.swity.de/tag/delila-berger/

bergerdelia74@gmail.com

https://www.facebook.com/Anubis-1829650913973318/

<u>Dank</u>

Mein besonderer Dank geht an meinen Freund **Jochen Engel**, der mir mit Rat und Tat zur Seite stand und mir Mut machte, dieses Buch zu verwirklichen.

Für die „handwerkliche" Unterstützung, insbesondere im EDV-Bereich, bedanke ich mich bei **Thomas Engel** ganz herzlich.